「生と死後」Life&Deathの真実2

死後にわかります。
この本が真実を伝えていたことを。

伊勢白山道

観世音

「生と死後」の真実

Life & Death

2

もくじ

第一章

死後の世界の実在を隠して、この世は存在する

第二章 「見えない世界」「霊」への実践的対処法

67

第三章 上手な生き方、上手な死に方

造本・装幀　岡　孝治

第一章

死後の世界の実在を隠して、この世は存在する

1 天国と地獄の真相

近年、世界では多くの人々が新型コロナ関連や災害、紛争で亡くなられています。

これを見聞きして、経験して、「いつ自分も死ぬかも知れない」と死を意識された方も多いと思います。

一方で、死は誰もが必ず経験することなのに、死後に関する情報が少ないままです。まだ人類の半分は、「死後は無い」「死んだら終わり」と固く信じていそうです。

しかし、死後もあの世で、自分の人生が継続した場合を想像して欲しいのです。

そうしますと、「死後は無い」「死んだら終わり」「旅の恥はかき捨て」「やったもの勝ち」と思いながら生きた人と、「死後の世界は在《あ》る」「逃げ得は無い」「天国も地獄も実在する」と信じて生きた人では、死後の人生に大きな差が生じるのです。

死後に、多くの故人がまず、

「死後の世界が実在するなんて、聞いてないよ！」

「こういう仕組みならば、事前にもっと教えて欲しかった。もし知っていれば、生き方が違ったのに」

このように天に恨み言を言うことになります。でも、その時に後悔しても遅いのです。

私たちは、死後の世界が有るのか無いのか、あえて中途半端な情報の中に置かれて、自分の本性を試されている今なのです。

監視カメラの場所がわからない時に、悪事をする人間なのか？

監視カメラが有ろうが、無かろうが、絶対に悪事をしない人間なのか？

わざと死後の世界の実在を隠して、この世は存在するのです。

輪廻転生《りんねてんしょう》（生まれ変わり）が止まらない理由には、この世に生まれた人間が、死後の世界を信じなかったことが原因にあります。死後に後悔した故人ほど、再びの輪廻転生を望みます。次こそは、死後の世界を信じて、真面目に生きたいから再挑戦をさせて欲しいと自《みずか》ら望むことになるのです。

そうさせる力とは何でしょうか？

それは、故人の生前の生き方で、死後に自分が生まれ出る環境に天地の差が生じるからです。ある意味で、この世以上に厳正で、公平で、住む世界に差が生じます。

天国も地獄も実在します。

「**自分と似た者同士だけが集まる世界**」がその真相です。

そのように住む世界が分かれる理由も、死後に映像付きで完璧《かんぺき》に説明されます。それを見たどんな故人も、悪人も、言い訳をしなくなる世界が存在します。

以上は、私の世界観です。

＊死後に後悔しない生き方
＊何に注意して生きれば、死後の自分が恵まれた人生になるのか？
＊もし、自分の良心に恥じることが多々あったとしても、今からそれを上書き修正する方法

そのエッセンスを、様々な表現で本書は繰り返し説明していきます。

2 死後の世界を信じるか信じないかで、人生は大きく変わる

ニュースを見ていますと、テレビ業界で長くキャスターとして活躍されていた御方が、大病を患《わずら》い入院中に「三途《さんず》の川」を見たという話が紹介されていました。

目の前に流れる川を見ながら、四十年以上も前に亡くなられた父親と色々と話ができたそうです。そして父親から、

「そろそろ行くからな。おまえも一緒に行くか？」

と微笑みながら聞かれましたが、

「いや、俺はまだ行かないわ」

と返答しますと、父親は、「そうか、わかったよ」と言って、橋を渡って花が咲き乱れる森の中に消えて行かれたとのことです。

その後に意識不明から回復された御本人は、やはり夢だったのかなと今は思うが、ひょっとしたら三途の川は本当にあるかも知れないと、元気な時にはまったく信じてい

なかったことが、今は心の片隅にあるようになられているようです。

私は、これはとても良い話だと思います。

三途の川もあの世も、まったく無いと思って生きる生き方と、死後にも人生があると信じて、今を生きる生き方。

死後の世界を信じるか、信じないかだけの違いで、この両者の人生は、大きく変わって行くと思うからです。


人間は死んだら本当に終わりならば、悪事でも「やった者勝ち」の選択をしないか？ということです。これが仕事でも、恋愛でも、人間関係でも、すべてにおいて「情けの無い」「慈悲の無い」行為をする可能性があると思います。

死後の世界と人生を、心から信じている人は、やはり大きな悪事はできないものです。

また、若い頃は死後などあるはずがないと信じ切り、他人を蹴落《けお》とす競争で生き抜いた人でも、生きている間に、「死後はあるかも知れない」と気づければ、人格が変わったように急に優しくなり、少しでも善行を世に残す人もいます。これが過去を、その分だけ上書き修正をしていきます。

老いてからでも生きている間に、できる限り上書き修正をして「置く」ことが、想像以上に本当に大切なことだったと、死後にわかります。

ここで海外の有名な権力者たちの発言を見ますと、もう平均寿命を過ぎている人ばかりなのに、

「自分が死ぬならば、この世界が無くなっても良い」

「自分がいない地球ならば、若者に残す必要はない」

このように真顔で、インタビューに真剣に答える姿を見たのですが、日本人にはまったく理解ができない心境です。これが、この近年に発生している諸問題の、すべての根底に存在する「思い」なのだと、私の腑《ふ》に落ちます。

このような心境は、厳しい国で生まれ育ち、報われない努力を繰り返しながら、国家の中での権力闘争を非情な手段を使ってでも成り上がった人々に見られます。

とても悲しいサガで凝《こ》り固まったと言えます。そういう権力闘争に勝ち抜いた人たちも、必ず他界して行きます。

私たちも必ず死ぬ人生だと、この世に生まれた時点で確定しています。

時間限定の期間を、どう生きるか?

「死後の続きはある」

「やり逃げはできない」

「神様はすべてを観ている」

これを心の片隅に置きながら、残された時間を明るく、思いっ切り「自分の中」で楽しみながら生きたいものです。

3 思いやりは、すべてを育てます

私の夢の世界での話だと思って読んで下さい。

死んであの世に行きますと、普通の生活をしていた故人だと霊界に、または善徳があればそれ以上の世界に行けます。

そしてもし、その故人が、生きている家族や縁者から「正しい供養」を受けることができますと（これもその故人が持つ善徳です）、故人は供養を受けるたびにあの世で若返り、最大で二十歳まで戻ることができます。または、故人が生前に一番好きだった、楽しかった年代の容姿に戻れます。

だから、亡くなって十年も経ってから、「依《よ》り代《しろ》（「〇〇家先祖代々の霊位」と記《しる》した短冊《たんざく》や位牌《いはい》）と線香三本の先祖供養」を継続しておこなっていた子どもの夢に初めて出て来た親が、最初は誰かわからないことがあります。

でも、子どもが相手を良く見て思い出しますと、昔に見た親の若い頃の写真の人物だとハッキリとわかります。消えない面影があるのです。夢の中の若い面影の親は、ただ笑っているだけで消えて行かれるものです。

無言の笑顔は、「大丈夫」のサインなのです。

それ以上の情報を教えることは、子どもには良くないことを死んだ親は知っています。

＊明日をも知ることができない中を、どう生きたか？　生きている私たちの本性が試されて、記録されていることを、亡き親は知っています。
＊明日がどうなるかわからなくても、それでも、正しく生きようとしたか？　自分の良心に従って生きたか？　これが大切なのです。
＊良心に従いながら、最後まで生きようと努力をすれば、もし死に方が悲惨であっても問題はないのです。
＊あの世で救われ、高い評価を受けて、この世の何十倍も自由な世界に行かれます。

この世のたった八十年間ほどを我慢して、正しく生きるだけで、どれほどの無限解放された世界を手に入れることか。

あの世にいる期間のほうが長いのです。

誰もが、あの世で良い世界に安住するためのチャレンジャーとして、この世に来ています。


次に、水子さんの話をします。

水子には、幼くして亡くなった幼児も含みます。自分に水子がいなくても、どの家系にも、水子が必ずいます。親が死にますと、すべての水子は忘れ去られて放置されています。

でも、この世から「家系全体への」正しい水子供養を受けますと、水子も、幼児も、あの世で二十歳ぐらいまで成長します。そして、その後は家系の霊線を離れて転生したり、元いた霊界のグループに戻ります。

女性が、自分が若い頃の水子に、依り代を用いた供養を十年、二十年もおこないますと、夢で見知らぬ若者が御礼に頭を下げて、笑顔で去って行かれるシーンを見ることがあります。最初はわからなくても、ふと、あれは自分が若い頃の水子さんだと、直感でわかる人もいます。

以上の話から言いたかったことは、思いやりが、思いやりの行為が、「魂を育てる」ということなのです。

これは故人も、生きている人の魂も、思いやりで、育ち、成長するということです。

そして、他人に思いやりを出す人は、自分の魂も育てているのです。

これから、思いやりが深い人は、若返る人が増え始める時代が来ています。

そういう時代の波動の中で、今の私たちは生きています。逆に、思いやりのない人は、老けだす時代でもあります。

美容努力よりも、思いやりの有無が、若さと美容の秘訣《ひけつ》になります。

でも、このような話を書きますと、あの世ではなくて生きている間に、この世で良い思いをしたい、死後の極楽のために今を生きるのは変だ、と言う方もいるでしょう。

これも言えます。

この世で楽しく生きるための生活努力をしながら、死後に備えた準備もしている人が、最高です。これも可能なのが、この世です。

この世で貧乏でも、その中を「正しく」明るく楽しく生きる人が真の勝者かも知れません。

4 皆様を観てくれている故人が必ずいます

最近、亡くなって十年以上も経つ父親が夢に出て来ました。夢の中では、父も私も無言でした。父は全身の血色も良く元気そうな様子で、お互いに微笑んでうなずくだけでしたが、会話ができたような気分になりました。

霊界のオキテ（掟）がありまして、故人は口を利いてはいけないのです。

もし夢の中で、言葉を話す故人が出て来れば注意をして下さい。

それは、二通りのパターンが言えます。
■故人の顔を真似た別人か魔物が化身して夢に登場している場合。
■故人が霊界のオキテを破り、どうしても伝えたいことがある場合。後でペナルティが故人にあります。

すると、その翌日の夢に、父親の学生時代からの友人だった故人が出て来ました。家族ぐるみの長いお付き合いで、私も子どもの頃から何度も会って良く知っている御方でした。これも互いに無言で面会するだけの夢でした。

ただ、この御方は医師だったのですが、海軍で終戦を経験しており、私の夢の中でも真っ白の海軍の制服のような姿でした。

この父の友人が夢に出て来た意味を考えた結果、これからの日本では海軍がカギになるのかなと感じましたが、それはかりでもなさそうだと感じていました。


そうしますと、それから数日が経った頃に、私の家に電話がかかってきました。なんと、その父の友人だった御方の奥様からでした。もう良い御年です。

久しぶりに私を思い出して懐かしくなり、どうしても会話をしたいと思われたそうです。奥様の中では、若い頃の私のイメージで固定化されており、イケメンで足が長くてカッコよくて（笑）……と、嬉しそうに話されていました。

私は奥様の話を聞きながら、父から始まった今回の夢の意味がわかりました。父と友人の御方が、奥様を励まして欲しい、何かの力になって上げて欲しいと、事前に夢で知らせていたと腑《ふ》に落ちました。

言いたいことはここからです。

故人たちは、皆様が思う以上に、皆様のことをあの世から観ているということなのです。

読者の中には、孤独な生活をされていて、病気になっても自分一人で受診して、入院の手続きから退院後の段取りなどすべてを、病気で辛い中をしなければいけない御方もおられます。また、心身を病んで、家に引きこもっておられる人もいることでしょう。

現代人は、
■誰も私の苦労のことなど知らない。
■誰もが、私のことなど無視をしている。
■私は孤独で寂しい。
と思っている人が多いと感じます。家族がいても、このように感じて、辛い思いをしている人が男女共に多いとも感じます。

でも故人たちは、親族も、先祖も、そして一度でも会って知っている他人も含めて、皆様が想像する以上に生きている人のことを思い出して、観てくれていると思って欲しいのです。

❖霊界では、縁があった生きている人たちのことを観ることも重要な仕事である。
❖中には、干渉することもある。

これを知っておいて下さい。

皆様も他界すれば、過去に縁があった生きている人々のことを思い出して、あの世から観ることでしょう。今回の父親の夢から始まった連携プレーのような出来事は、以上のことを証明していると私は感じています。

孤独な皆様も、決して一人ではありません。

縁ある故人たちが、

「がんばれ〜〜！」

とあの世から観てくれています。

5 あの世の実在を伝えに来た故人

（読者からの質問）

子どもが亡き夫の夢を見まして、その内容を聞き、あの世にいる夫がかなりのペナルティを受けないかと心配になりました。

夢の中では通信状況の良くないビデオ会話をしているような状況で、夫が実際に話したというよりは、頭の中のことを読み取れるといった感じだったそうです。

以下、子どもが私に言ったことをメモにしてまとめました。
＊死後の世界はすべての時間が同時に存在するから、自分（故人）は若い姿でもあるし年をとった姿でもある。だから今見える自分の姿は、生きている側が一つの形（容姿）を選んで見ているだけ。
＊この世とあの世は違う領域での時間で、現世とのコミュニケーションは時の流れが必

要となるために、現世と死後の世界とのコミュニケーションは難しい。
＊死後の世界はポータル（入り口、トンネル、通り道）のようだが、切れ目なく続くポータルではなく、一度にあらゆる場所と時間が存在するので、ピンポイントで特定の時間にたどり着くためには、誰かに連れて行ってもらわないといけなかった。

生前の夫は、死後の世界とか多次元とか神の存在は否定しておりました。子どもも同じく、科学で証明されていないことは信じないタイプです。

夫が子どもに言ったことは、あの世でようやく散々否定していたことが本当だとわかったのかなと思うような内容で、どうもこれは単なる夢ではないなと思いました。あの世から夫が子どもにどうしても伝える必要性があったとするなら、子どもにあの世の存在を証明したかったのかと思いました。

生前の夫のように、あの世はないから先祖供養も必要ないし、神もいないという考えを、子どもに持って欲しくないからだと勝手に私は想像しました。

でもあの世の存在を知らせるなんて、相当なペナルティですよね？　あの世の夫は大丈夫でしょうか？

（感想）

非常に興味深い内容です。比較的早くに亡くなった父親が、死後の世界の実在と、その世界を冷静に科学的に分析してわかる範囲の仕組みを子どもに伝えたと言えます。

その理由は、生前の自分のように、あの世はないから先祖供養も必要ないし、神様もいないという考えを子どもに持ってほしくなかったということです。

そして、そういう考えでは、死後にかなりのハンディがあることが、故人はわかったということが言えます。


これは私の経験と記憶からも言えることです。

神様を否定し、先祖供養もしていなかった人の死後の境遇とは、この世でいう大きな貧富の差が見える形で、あの世で出現することになります。

生きている間は、自分の努力で生きてきたし、様々な物事を自分の苦労で手に入れたと思い込んでいますが、すべては陰から支えられて、与えられていたことに、自分が気づけなかっただけなのです。

つまり、自分が沢山のモノを得ながら、一切の感謝もせずに、それを陰でプレゼントしてくれていた存在（先祖たちと神様）を否定している人が多いのです。

この世でも、人生に個人差が様々な形であり、それは生まれた時点からすでに始まっています。「どうして自分だけが……」と思う人は多いです。

その理由は、自分が生まれた時に、過去生の記憶を消されているからわからないだけなのです。


死後も、まったくこれと同じです。

死後の行き先と環境に大きな個人差があることが、死後は故人に見えてわかるのです。

死後も、**「私の死後の環境は、どうしてここなのか？」と誰もが思います。**

その時にあの世では、この世とは違って、その理由を説明してくれる御方が疑問に思うたびに瞬間的に側《そば》に立っており（天使の任務をする先祖が多い）、生前の自分の映像を見せながら説明してくれます。

目の前の空間に大きな映像が立体的に映ります。その映像には、生きている時の自分の行動や発言が、死後に疑問に思ったことの原因となるものばかりが集められており、連続して映り続けます。

そこには生前に、親を罵倒《ばとう》している場面や、先祖の悪口を言う自分の姿、親に墓参りを誘われても拒否をしていた自分の若い頃の姿などが映像で流れています。

どの映像も生前の自分が忘れていたものばかりです。でも、死後にありありと映像を見て自分でも思い出します。その体験をした故人は、どんな強情だった人も降参を始めます。でも、これはまだまだ死後の世界の入り口のことに過ぎません。

その先には、まだまだ心からの反省が起こる仕組みが続きます。

そのうちに、神様と呼ばれている存在や、多くの知らない先祖たちや知る故人にも会って、様々な過去生の自分の所業も見て、生前の自分に感謝の気持ちが薄かったことや、正しい信仰に無知だったと反省します。

前記の故人が伝えた内容で興味深いことは、
＊生きている人の側が、知る故人の姿を自分のイメージで選んで見ていること。

＊死後の世界は、すべての時間が同時に存在すること。過去の時間も生きていること。
＊この世とあの世は、違う領域（次元）での時間が流れているから、この世に来ることはまず不可能であること。
＊ただ、あの世とこの世の接点に、連れて行くことができる御方が、あの世に存在すること。

以上の内容は、正しいと感じます。

奥様が心配する、故人である夫が霊界のネタバラシをしたペナルティは、この世の時間軸に夫を連れて来て、子どもの夢に登場させた「連れて来てくれた御方」がいる御蔭で、今回は許容範囲で大丈夫だと思います。

6 自分は誰の人生を生きているのか?

生死の境をさまようような事故に遭《あ》ったり、大手術をしたり、自殺未遂から生還したり……、このような人々に稀《まれ》に見られる現象に、
■自分の過去生を思い出す
■性格が別人に変わる
こういう事例の報告・相談がたまにあります。

大半の原因は脳の損傷から来るものと、私は感じます。

でも、ごくわずか数パーセントの人に、事故を切っかけとした憑依現象《ひょういげんしょう》を感じることがあります。

特に、憑依現象から過去生を思い出す人のケースの特徴に、

■その内容が異常に詳細であること。
■思い出す切っかけが、事故・自殺などの生死に関わる「悪いこと」が始まり。
このような場合の思い出す過去生の内容は、憑依霊の影響であり、もちろん本当の自分の過去生ではありません。他人の死霊の人生を感じているだけなのです。憑依する霊の年代は、バラバラです。

霊が離れて憑依が終われば、突然にその過去生を思い出すことがなくなります。

これも憑依現象から過去生を思い出すケースの大きな特徴です。

また、霊能や占いを商売にする有料先生の手法でも、相談者に過去生を思い出させる呪法があります。

これも簡単であり、その真相は相談者に霊を憑《つ》けることで、霊が歩んだ人生を脳内に思い出させるだけです。相談者の本当の過去生とはまったく関係がない内容です。

こういう呪法の憑依をかけられますと、相談者は後年に良くないです。

心身が弱り、精神的に治療が必要になる人が多いです。自己の精神の分離・乖離《かいり》が、作為的な憑依が切っかけで起こり始めます。人生が破壊されます。

そういう縁を持った自己責任になりますが、有料先生自身がこのカラクリに気づいていない無知があります。これは不幸なことです。

言いたいことはここからです。
＊自分は誰の人生を生きようとしているのか？
＊無意識に、他人の人生を生きていないか？
＊自分の人生を生きている人は少ない。

「他人がどうしても気になる」

「他人の発言は自分に向けられている」

このように気になる人は、自分の人生を生きていない浮き草です。

少しの刺激でも、心が揺れて右往左往します。これでは、貴重な短い人生期間も、ただ浪費していくだけです。

また、過去生を知りたがる人も、

■今を生きていない人
■今の生活から逃避したい人
■今の不満を、過去生か他人の責任にして、自分を納得させたい人
こういう点に注意が必要です。


本当に済んだ過去生を思い出した場合は、今生の運気が落ちると思って下さい。

生まれた時点で封印されている不要な過去の因果を、再起動させることが多いです。

今生の寿命も、その再起動された過去生のパターンに悪影響されて変わることがあります。

本当の過去生を思い出す時は、もっと自然に日常生活の中で、思い出すものです。

例えば、
■お茶をいれる時に、ふと出る仕草。
■歴史を勉強した時に、ナントナク知っている、よくわかると感じる状態。
■初めてなのに見たことがある景色や、初めてなのに会った気がする他人（これは過去生ではなくて、あの世で同じ場所にいたのが原因であることが多い）。
この程度は、問題はありません。これも自然現象のうちです。

ただ、過去生を詳細に思い出す、なぜか過去生を知りたいという執着が自分に起こる。

このような場合は、「**だから何？**」「**自分は新規の今生を生きる**」という思いを強く持って欲しいわけです。

これだけでも無難に収まっていきます。お祓《はら》いになります。


動物形象の霊や悪霊が、意外と嫌がるのは、

「**だから、何？**」「**自分には関係ない**」「**興味がありません！**」。

こういう思い方も、初期段階にスパッと縁を切るお祓いになります。


とにかく済んだ過去に「こだわる」ことはろくなことがないと、強く思って頂ければ幸いです。

誰もが新しい今生に生まれたかった。

挑戦をしたかった。

これを忘れないで下さい。

7 思い通りになることも苦痛に変わるのが人間のサガ

❖思い通りにならないから、楽しい。

このように、ふと、浮かびました。

でも、それは強がりでしょう? 本当は、思い通りになるのが嬉しく、楽しいに決まっている。こう思うものです。「そのように見える自由な他人」がいるから……。

そう、問題はここなのです。そう見える他人がいると思うわけです。そして、他人との違いに自分で苦しみます。

では、その思い通りになっているように見える他人に聞いてみましょう。

「あなたは、思い通りになって幸福そうね」と。

でも、「はい」と言える人はいないことでしょう。

その人自身も、同様に他人を見て、心中でうらやましく思っているパターンがあります。人には言えないような悩みを持っているかも知れません。

人間は、他人の中に理想を見て、自分自身で勝手に苦しむサガ（性）を持つものです。

しかし、他人の中には、自分にとっての理想も幸福も絶対にありません。

自分の心中にだけ、本当の天国が「すでに在《あ》る」のが真相です。これを見つけることが人生です。でも、見てしまうのは他人ばかりです。

自分自身を静観する人は少ないのです。

人類発生の不思議を考えましても、自分自身にこそ、創造神の手がかりがすでにあります。そんな自分を見つめ続けることが、神様を知ることになります。

こんな自分でも、なぜか生かされている。

これほどの不思議はないことから、まず生活の中で気づいていきましょう。

あの世に行きますと、普通の霊界に行けた魂（心）は、何でも思い通りに出現する、何でも思いが叶《かな》う世界を体験します。

最初は面白すぎて、嬉しすぎて、この世で悲しむ子孫に連絡することも忘れるほどです。

「もう、おまえたちでがんばってね～、バイバーイ」

というぐらいの心境になれます。真面目に生きた人の大半がこうなれます。

でも、これが飽きてくるのです。本当に飽きるのです、もう見たくもないほどにです。日本では毎年節分の翌日に、恵方巻きの食材が何トンも廃棄されます。もし、食糧のない国の人が見れば、うらやましくて心中で苦しむかも知れません。

でも、日本では余り物は誰も食べない。タダでも要らない。

思い通りにならない中を生きましょう。

これに意味があるのです。

何でも思い通りになることにあの世で飽きて、誰もが思い通りにならないことも体験したくなります。

これを自分なりに、何とかした時の爽快さがあるわけです。

長いマラソンならば無理でしょう。

でも大きな大きな視点では、人の一生は本当は百メートル走ぐらいに短いことが言えます。

誰もが、今日がこの世での最後の日かも知れません。

がんばって、思いっ切り、もがいてみましょう。

8 心だけは年をとれない常若《とこわか》です

肉体に年齢はありますが、心には年齢はありません。

二十歳の時と、年を経た五十年後も、その心は同じなのです。

着ている肉体という衣《ころも》にシワが入り、選ぶ服が変わるだけであり、その心はまったく変わりません。肉体が老化すれば、心も老化すると思うのは、見える景色に誘導されただけの思い込みです。

思い出して欲しいのです。

今の自分の心は、何歳の気分まで戻れるのか？

私は今も二十歳の頃の気分に戻れます。そうすると、数十年ぶりに会う人からは最初に、「まったく変わっていない」「昔のままだ」とよく言われます。

❖心は年をとらない。

❖心には、年齢は無い。


これを覚えておいて欲しいのです。実は、これが死ぬ時にもわかる重要なテーマなのです。

臨終の際に、今回の生涯を一瞬のうちにすべてを振り返り、思い出す現象が世界的に報告されています。その時間は、この世の時間では数秒間なのですが、誰もが脳内でじっくりと詳細まで自分の人生を早回しの映像で思い出します。その時の脳は、液体で構成された量子コンピューターと化しています。

臨終の少し前から、死を察知した脳細胞たちが何かのスイッチを入れたように高速で起動を始めます。すると、頭部から順番に青いオーラを発光し、数秒間ほどで全身が青色に包まれるように発光します。

この数秒間に、今回の人生を瞬間的に思い出すことで、まず死への恐怖が去ります。すでに亡くなった親族たちが側にいることもわかるからです。

その時に思い知ります。自分の心は、常に同じだったこと、変わっていないことを。そして様々な人生体験をするうちに、色々な思い込みで自分の心を縛《しば》っていただけだったことがわかります。

自分で自分の心を縛っていた結果、他人にも嫌なことを言ったり、意地悪をしてしまっていた場面も、死ぬ時に思い出して知ることになります。

その時に、どんな悪人にも、「自分が悪かった」という思いが湧き起こります。

誰の心も生まれたままの赤子《あかご》です。この真っ白な心を、人生の様々な経験で色を付けてしまいます。そして、元の白に戻す過程が老後かも知れません。

とにかく、自分の心は若いままの常若《とこわか》であること。

これが神道でも大切な概念です。

皆様の参考になれば幸いです。

9 未来の自分自身が応援しています

よく私はブログ記事の最後にこう書いています。

「何事も、懸念点を事前に知ることで、量子力学で最悪は起こりません。予想は必ず外れてくれます。

量子力学（りょうしりきがく：多数が一つの現象を気にすることで、粒子の動きが変わり、検査結果のデータが変わる物理現象）。

これが、記事で分析する理由です。状況を変えるために、記事に書いています」

自由に動く電子が、壁のどの隙間（スリット）を通過するかが、量子力学の有名な「二重スリット実験」なのですが、人間が観測のために見ている時と人間が見ていない時とで、電子が通過で選ぶ経路の統計に、明らかに偏《かたよ》りが生じるのが従来の量子力学の指摘です。人間が観測することで、電子の飛ぶ経路が変わるのです。

最近の量子力学の実験者の考察では、量子力学の実験を決められた条件下で何度も繰り返していますと、「次の実験は、人が観察するか否《いな》か、電子が先に知っていた可能性」があることが考察されていました。

量子の世界では、未来と過去という区切りがないと感じます。

「時間は無い、存在しない」が、量子の世界では言えると感じます。

これを霊的な面から考えてみますと、浮かぶ光景があります。

人は死にますと、今回の人生で、どうしても知りたかった真相の場面を見たいと、多くの人が思うものです。その時に自分の霊体は、過去のその場面を、天井くらいの高さから見ることが可能な人が多いです。自分の過去の真実を、死後の自分が見て知ることになります。

すると、その当時の過去の自分は、「誰かに見られている気がする」と感じていることがあります。または、影のようなものを実際に見ていることもあります。その正体は、未来の死後の自分だったというオチです。

その時点では、今の自分と、死後の自分が同時に同じ場所にいることになります。
これの意味することは何でしょうか？
言いたかったことは、
❖**もし今の自分が何かのことで苦しんでいるならば、未来の死後の自分も、今の自分の苦しみを必ず見てくれています。**
❖**だから、もし自分がしなければいけないと思うことがあれば、未来の自分がそれを教えてくれます。**
❖**だから、自分が強く思うことがあれば、一生懸命にしてみましょう。**

そして、
❖**未来の自分は、その結果も知っているのです。**
❖**その結果が、もしダメであっても、その経験が自分に必要だったと思って欲しいのです。その理由は、未来の自分が知っています。**

誰もが、今は人生の途中です。
今の自分がどんな不安の中でも、明るい気持ちを忘れなければ大丈夫です。
どんな心配の中でも、自分の良心で生きていれば大丈夫です。

これが継続すれば、未来の結果が良いことは決まっています。
その根拠は、今の自分が明るく思えることです。

今は良い環境なのに、どうしても今の自分は明るくはなれない。
これも未来の自分が教えてくれているサインです。

自分に反省することがないか？
このように思える人は、絶対に大丈夫です。

10 この世だけは、必ず変われます

「ずっと、このままだ」「何も変わらない」「私は終わりだ」と、自分の現状が変わらないことを悲観している人が多いです。

私がどんなに、「すべては必ず変わって行くから」と言いましても、「今までが、そうであったように、ずっとこのままさ」。

私が「未来は白紙」と言いましても、「ずっとこのままである白紙であり、他の道はないという白紙さ」。

まるでコダマのように返して来ます。

このように、自分は変われない、改善しないという深い深い呪縛《じゅばく》にかかっている人が増えています。

このような「どうせ、このままだ」という強い呪縛は、思い込みは、どこから来るの

でしょうか？

実はこれは、その人が、あの世にいた時の記憶の残存なのです。あの世こそは、今生の反射により選別されて入った世界から、動くことができない変化のない世界なのです。

「どうせ、このままだ」「何も変わらない」「ずっと、このままだ」

という思いを、五十年百年、人によっては数百年間もざらに思い続けます。


そして、今生の自分がした善悪の行為を、自分自身が受ける立場を、何度も何度も体験することを「永遠に」繰り返します。

あの世こそは、まったく変化のない世界です。もし、これを変えたい時は、この世に生まれ出るしかないのです。


でも、この世に自《みずか》ら望んで生まれ出たのに、記憶を消されますと、
■勝手に生まれさせられた。誰だ？　余計なことを。
■親に生んでくれと、頼んだ覚えはない。
このような生意気なことを思ってしまいます。また再び、前世と似たようなパターン

を繰り返す魂が多いです。

とにかく覚えておいて欲しいことは、「自分はこのままだ」としか思えない人は、それはあの世で自分が体験していた、苦しんだ記憶である可能性を知っておいて下さい。


❖この世だけが、自分の選択により、勇気により、変化が起こせる唯一無二の次元だった。

❖他の次元は、固定された世界、同じことをリピート再生だけをする次元。

❖リピート再生する次元が、地獄から神界まで、無数に存在します。

❖自分があの世にいる時の次元を改善させたければ、この世に生まれ出て、善行をするしかない。


こういう法則の下《もと》に、魂は在《あ》ることを、私の記憶から提示しておきます。

この世で家族の介護をした人は、あの世では介護をして頂ける待遇を体験します。

他人に善行をおこなった人は、あの世では善行を受け取る世界を体験します。

逆に、他人を苦しめた人は、自分が苦しめられる次元を体験します。

完全な自業自得と、完璧《かんぺき》で公平な帳尻合わせで、この世とあの世で完膚《かんぷ》なきまでに厳正にバランスが合わされます。

この世では善行をしても、評価もされないものです。でも、この世で評価を受けなかった善行は、あの世で必ず成果を受け取るという完全な法則が存在します。

だから、この世でムダな行為は、一切ありません。


釈尊もおっしゃった、「諸行無常《しょぎょうむじょう》」。

この世の一切は常に変化し、不変のものは何も無いということです。


この世にいる期間は、誰もが短いのです。

だから、何があっても大丈夫です。

すべてのことに、感謝をしながら生きたいものです。

11 最期の瞬間に起こること

飛び降りなどの自殺行為をして、運良く蘇生《そせい》に成功して生還された人の証言を、海外の報告を中心に調べてみました。

日本人の証言も含めて、生き返った多くの人々に万国共通で一致したことが、
＊実行した瞬間に、あれほど望んだ自殺だったのに、間違いだったと直感でわかった。
＊上辺《うわべ》だけの「わかった」ではなくて、心底から腑《ふ》に落ちた。
＊説明と理屈が不要の、何か言い訳も不要なほどの、とにかく心底から「間違いだった」ことがわかった。

そして、誰もが「激しい後悔の思い」に包まれたそうです。これが、コンマ何秒の間に、脳内で起こるそうです。

さらに中には、高所から落ちて行くコンマ何秒という短い時間に、

＊景色が限りなくスローモーションに見えた。
＊自分の人生の始まりからのすべてを思い出した。
＊ところが思い出す光景は、自分の目線ではなくて、違う角度からの光景だった。
＊その時に、自殺前に自分では気づけなかった、家族や他人が自分のために、苦労したり悲しんだり、苦しんでいた光景を見た。
＊完璧に自分が悪かった、または、自分の反省すべき点に気づけた。生きて帰って、一からやり直したいと、心から後悔した。

このような証言もありました。とても興味深いです。

人間は、死と面したコンマ何秒の間に、脳の眠っていた約七十パーセントの領域が、全開で稼働するようです。脳がフル稼働しますと、時間の流れをスローモーションに感じるのでしょう。

野球選手が、「ボールが止まっているように見えた」という感想は真実なのでしょう。マラソンランナーがレース終盤に、「空中を歩くように楽だった」というのも極限の先には起こるのでしょう。

アインシュタインの相対性理論は、「光速に近づくと、時間の流れが遅くなる」と指摘しています。私たちの脳も、フル稼働しますと、脳内の電気信号が光速に近づき、MAXでは時間が止まると感じます。

＊その時に、「完全な静寂」、「無」というものを体験する。
＊そして、自分の生き方によって、大いなる慈悲・愛情の存在（神仏）が見守る中での「無」を感じる人と、冷たい無表情な地獄の「無」を感じる人に分かれる。
このように感じます。

＊その時に、この世での苦労や、イジメに遭《あ》った経験、不幸な病気も含めて、自分が受けた苦労は、お宝だったことが直感で心からわかる。
＊その一方で、他人に迷惑をかけたことや、他人をイジメたこと、他人を害したことが、どんなに大変なことをしたかが、心底からわかる。
こういうことが起こることを、私は思い出します。

この世で生きていますと、「もうダメかも知れないね」と思うことが、人生で何度かあるかも知れません。

でも、「もうダメだ」と事前に認識する人は、未来に振り返れば、何とか、それなりに、自分で立て直して過ごしたことがわかることでしょう。

「もうダメだ」とも思えない人が、そのまま最悪へと行くものです。


「もうダメかも知れないね」と思えた先は、

「それでも、何とかしよう」

「やってやろうではないか！」

と変わって欲しいものです。


苦しんだことは、すべてはあの世で良い思い出に変わります。

この世で栄華を見せびらかしたことは、あの世では恥と苦痛として思い出します。

すべては、逆になる可能性。

この可能性だけでも、気づいて頂ければ幸いです。

12 最初で最後の光のお迎え

『チベット死者の書』とは、人が死んだ時から四十九日間にわたって、死者の耳元で読み上げるために書かれた書（枕経）です。良い天国へ故人が進むにはどうすれば良いのか？故人が見える光景の、どの方向に進めばより良い世界に行けるのか？これを大昔の悟った僧侶（生きながらあの世と行き来ができた御方）が詳細に書き残しています。

人間の感覚器官の中で、初期に形成される耳の神経は、死後にも数日間は機能し続けており、死後の身体の中で働いている意識に大きな影響を果たしているという認識を、古くからチベット人は持っていました。


耳に関しては、初期の霊能が「霊聴」から始まることと一致します。

また、生前に聴力がなかった人も、死の瞬間から聴力が戻っています。この世の因果の束縛から離れるために、元に戻ります。

私たちは、いかに過去生の因果の束縛により、この世のシミュレーション世界（仮想現実の世界）に因果として拘束されているかを意味します。

今朝（二〇二三年九月十六日）の神示で、霊界側から公開しても良いと許された情報がありました。これ一つだけを知っていれば、死後に天国に進める方法があるのです。

逆に言えば、これは、これからいかに災害に注意になるかも暗示しています。

これは他人や家族にも言わないで良いです。読んだ人だけが、知っておいて下さい。

それが個人が持つ「縁《えん》」です。


とにかく、自分が死んだと気がついた時には、最初に見えた光の方向へ、光のカタマリのほうへ、何の疑いもせずに、不安にならずに、躊躇《ちゅうちょ》せずに、「は～～い！」と子どもに戻った気分で、楽しい気分ランランで、そこへ急いで進んで下さい。疑うことを知らない、アホウになりましょう。

これが死後の最初に一回だけある、最終電車であり、最終バスであり、最終の船の、天国からのお迎えです。

仏画の、阿弥陀如来《あみだにょらい》が菩薩《ぼさつ》たちを従えて故人を迎えに来る「来迎図《らいごうず》」は、正しかったのです。


善行がある人は、この最初の光を見た時に、知る故人も光の中で姿を見せて手招きしてくれます。

悪行が多かった人は、この最初の光を、どうしても怪しいと思って信じることができないのです。そこには、知る故人もいません。むしろ、「光のほうへ行くな」という昔の悪友が見えるかも知れません。

この最初の光に乗れなかった人に対して、『チベット死者の書』は、行ってはいけない様々な見える世界について細かく説明しています。でも、その内容はすでに古く、今は変わっています。

大切なことは、どんなに悪行が多かった人も、最初に見えた「光」に向かって欲しいのです。最初に見た光を素直に信じた御蔭で、死後に救われます。

❖最初で最後の光のお迎え期間は、死後七日間「以内」で終了です。四十九日間ではありません。

❖自殺してしまいますと、光のお迎えに気づけず、死の瞬間の激痛のままで放置されます。


以上のことは、釈尊の言葉からも正しさがわかります。

釈尊が言いたかった教えを一言で言えば、「何事にも執着するな！」でした。

つまり、執着がない人ほど、最初の光に向かって素直に進めるわけです。この世への未練と執着があれば、「ちょっと待てよ」と必ず迷います。

愛する故人の臨終の時には、耳元で、

「最初に見える光に付いて行くんだよ！」

と言って下さい。

死後も、火葬直前まで、初七日まで、何度も言ってあげて頂ければと思います。

13 すべては「二つで一つ」が正体である

「死後の世界は在《あ》ると思いますか？」

という質問を、様々な分野の識者に聞くテレビ番組を見ました。

その中で、物理学者が、興味深い返答をされていました。

死後の世界を信じる信じないは別にして、と前置きをした上で、
＊数理データの処理の法則から考えて、データのバックアップをしないことは、有り得ない。
＊人が生きたというデータが目の前にあるならば、その人生の経験データのバックアップは、必ずどこかに残されるはずだ。
＊だから、この世が在るならば、死後の世界も必ず在る。

これは、とても重要な指摘に感じます。

「必ずデータのバックアップがされているはずだ」という斬新な視点から感じますことは、これは生物の進化論からも言えると感じます（私は起源の進化論は否定しますが、種ごとの環境順応の進化論は認めます）。

昆虫から哺乳類に至るまで、すべての生物に、環境への順応性が見られます。環境に合わせて、肉体の形状も変化して行くことが、どの生物にも見られる現象です。

もし、あの世がなくて、データのバックアップもない場合、一つの生命が死ねば、それで終わり。単発の細切れで終了してしまい、次の世代へデータを引き継がないことになります。これならば、環境に合わせての生物の進化は起こり得ないのです。

ここが重要なポイントです。


❖やはり、一つの生命が死ねば、その経験値のデータがどこかに（霊界に）蓄積される。

❖その仲間が同様な原因で死んでデータが膨大に蓄積すれば、新しく誕生する生命に、その経験値のデータがフィードバックされる。そして、肉体も対応されていく進化

が起こる。

❖バックアップデータの集積場＝霊界、あの世である。

これが数理データ処理の科学から言えるわけです。

これは、空海さんが言われた、宇宙は、「金剛界」と「胎蔵界」という、陰と陽の世界が対《つい》になって存在するという宇宙観にも合致する視点です。

この世という世界が存在するならば、宇宙論の視点では、陰という同様な規模のあの世の世界が存在しないと、バランスが崩れることになるのです。二つで、一つを構成します。

粒子の世界に至るまで、この「二つで一つ」は貫徹します。

そろそろ、物理学の視点から、あの世の存在が数式で証明される時が来ることでしょう。

私たちも、この世に自分が存在するならば、あの世にも霊体の自分が存在している。

これが言えるわけです。

肉体だけが存在して、霊体の自分は無い。

これは、有り得ないのです。自分も、「二つで一つ」が正体だということを、覚えておいて頂ければ幸いです。

あの世にいる、自分のコピー（霊体）に、感謝の気持ちを送ることで、肉体の自分が強化されていく可能性を感じます。

第二章

「見えない世界」「霊」への実践的対処法

1 一寸《いっすん》の品物にも五分《ごぶ》の魂

（読者のコメント）
祖母が入院していた時に使っていたタオルを、母親が洗濯してから使用していました。すると、すでに亡くなっている祖母の生前の声で、「それは私が苦しい時に使っていたものだから、使わないで欲しい」と母に聞こえたそうです。

（感想）
この内容には、様々な貴重な情報が含まれています。
＊人が使用した品物には、それを使っていた時の様々な「思い」が蓄積していること。
＊その使用者が他界しても、品物には生前の思いが残り続けること。消えないこと。
これは自分が仕事などで苦しい時に乗っていた自動車にも、言えることです。

後に仕事を転職して悩みが消えたとしても、その自動車に乗りますと、
■気分が暗くなる。
■なぜか昔の苦しい頃を思い出して、気分が落ちる。
これもあることです。

不思議なことに、中古車を購入した場合でも、前の使用者の思いが蓄積しており、同じような現象が見られます。お互いに生きている者同士でも、思いだけは品物に蓄積して残り、他人にも影響を出し続けるわけです。

まるで、思いの磁気の放射線のようにです。

このような品物に堆積した（憑《つ》いた）思いをクリアするにはどうすれば良いのでしょうか？　これも放射線と同様に長い年数が経てば、思いの磁気の「半減期」という法則で減っていくと感じます。

でも、そんな年数は待てないものです。また、自動車のような高価なものは、簡単に買い替えもできません。

❖嫌な思いの磁気が堆積するならば、この法則を利用して、自分が出す感謝の思いの磁気で、上書き修正をすることが可能です。

これは住宅物件でも言えることです。

誰が住んでも嫌なことが起こる家があったとしても、強力な感謝磁気を持つ人や、天真爛漫な明るい善人が住みますと、ピタリと嫌な感じが消えることも起こります。幽霊が住んでいても、「もう勘弁して〜」と出て行くようなことが、人物次第ではあります。

中古品でも、善徳が大きくて幸運な人が使用していた品物は、次の人が使っても良い現象が起こることもあります。縁起が良い品物に変化しているのです。

以上の話から、生活していく上での注意点や改善策を、自分なりに感じ取って欲しいのです。
＊品物に対する思い方も、侮《あなど》れないこと。
＊嫌な思いも、自分で上書き修正する前向きな気持ちが大切。
対人関係に関しても、人は知らずに自分の思いで、相手に影響を与えていることを知っ

ておきましょう。

相手が自分に対して好感を抱《いだ》くかどうかも、実は相手側だけの問題ではなくて、自分が、相手に投射している思いの磁気が原因かも知れない。

こういう視点も有り得ます。

お祖母さんのタオルの話は、自分が苦しい時に使用していた品物を、この世の誰かが使用している限り、自分はあの世にいるのに、次元を超えて嫌な影響が伝達することも意味します。

これは、以前から説明しています、
■故人の写真を飾るのは、命日などの記念日だけが良い。
■故人の写真を常時飾るのは、故人の成仏を遅らせる。
という話にも通じることです。

これに納得ができず、故人の写真をいつも飾っておきたい人もおられることでしょう。

でも、今回の祖母さんの話は、写真に関しても同じことが言えるという示唆《しさ》です。

故人にとっては、生前の元気な姿が残ることは、常に昔を思い出させて辛いものがあり、生前への「心残り」「執着」が継続するものです。

故人の新しい出発のためには、記念日や法事の時だけ写真を飾ることを参考にして下さい。ただ、一周忌までは常時、飾ったままでも良いです。

でも、どうしても家族が飾りたい時は、一周忌を過ぎても写真を飾ったままでも良いです。無理にやめても、余計に家族の故人への思いが増すからです。

家族とは故人に関することや霊的なことで、喧嘩をしたり揉《も》めないことが、何よりも故人のために大切なのです。生きている家族の喧嘩の思いも、あの世にはよく伝わっているために、故人に影響します。

2 今の貴重な生活・機会に気づくこと

成仏ができない霊は、死んで数年ぐらいは生きていた時の姿形や顔のままの状態です。

ただ、死後一年が経過しても成仏せずにこの世にいますと、霊体にも死斑《しはん》（死体の皮膚に現れる斑点）が出るのです。死臭も伴います。

つまり、霊体になったとしても、この世に留《とど》まる限りは、人間の死体が段々と腐り落ちていく過程を、そのまま霊体でたどるのです。この世で生物がたどる老化・腐敗という法則は、この世にいる限りは霊体になっても逃げることができないのです。

不成仏霊の霊体は、

「死斑↓肉が腐り落ちて行く↓骨が露出し始める↓骸骨《がいこつ》↓姿形は消えてオーブという曇った磁気のカタマリになる」

と変化をしていきますが、その思いは変わらず、という流れになるものです。

この世に霊体が留まる限りは、肉体が感じるような「苦痛」「激痛」も同様に引き継ぎます。

だから自殺をすれば痛みを感じなくて済むなどと思っては絶対にいけません。逆に肉体を失くした分、霊体は痛みをより敏感に感じだすのです。自殺霊は、命を絶った時の悶絶中の状態が継続しており、七転八倒《しってんばっとう》していることも多々あります。

正しい霊界の知識を持たなかったばかりに、簡単に自殺をしてしまう人が多いのですが、死後は非常に厳しいことになります。この世がまだ天国だったと百パーセントの霊が後悔をしています。


でも、もう戻れないのです。膨大な苦渋《くじゅう》の年月の経過を耐えて待つか、縁者からの「正しい」供養を受ける機会が生じるまで、そのままの状態が継続します。

同じ家系の霊線を有する生きている縁者にも、その苦渋の波動は無意識下に影響していき、同じような意味不明な不安感や不幸を与えることになります。

生前は、他の家族には迷惑をかけないと「強く」思っていましても、そんな甘いことでは済みません。麻薬患者が禁断症状で苦しむがごとく、非常な苦しみが継続していますから、霊体であっても恥も外聞もなく生きている縁者に縋《すが》り憑《つ》くしかないのです。どんな人でも音《ね》を上げます。

そのような中で霊体から見える、供養の三本の線香の明かりとは、本当に砂漠の枯渇した中で見つける水辺と同じなのです。

でも、従来の供養では「正しい依《よ》り代《しろ》」がないために、水辺（普通の供養で捧げられる供物）に近づきたいのに、そこに留まることが霊体にはできないのです。

ご馳走を見せられるだけで、食べることができません。

今のこの世での生活が苦しいと嘆く人はいますが、その苦しみをこの世で乗り越えれば、何とか明るくこなせれば、それはあの世では黄金の幸福感に変わります。自殺した場合とは真逆に、この世の試練を自分なりにしのげれば、それはあの世では十倍の価値を成すのです。

それほどこの世は難しいギャンブルのような世界でもあります。誰もが挑戦中なのです。いえ、自分から望んで、やっとのことで挑戦する機会を天から与えられている最中が今です。

そういう中でも、神仏に感謝をし、先祖を癒《い》やすことができる人とは、なんと貴重な存在でしょうか。

そのような人が誕生しますと、「淡々と型を置くだけ」の感謝供養でも、その家系の七代前までの膨大な迷える縁者たちが順番に救われていきます。

さらに供養を継続しますと、すべての人類と家系の霊線の先につながる根源神まで行き着く夢もあるのです。家系の霊線を遡《さかのぼ》ることで、神様にまで届き、行き着くのです。

昔の古神道《こしんとう》の時代の神社は、先祖の慰霊と神様を分けてはいませんでした。全国にある「神宮寺」という名称は、その残影を意味しています。古神道の中枢にあるのは依り代の理念と使用概念です。

依り代と線香三本で感謝を捧げる先祖供養については、巻末の「伊勢白山道式　先祖供養の方法」を参考にして下さい（二五二ページからを参照）。

生きている時に正しい先祖供養で多くの先祖霊を癒やした人が死にますと、必ず先祖霊たちがすぐに迎えに来てくれます。

生きている時に、「姿が見えない先祖にも心を向けてくれた人」「供養行為をする者自身には効果がわからないのに、先祖のためにしてくれた人」とは、先祖には貴重な英雄だったのです。その供養する人間こそが、砂漠の中に現れた救世主です。

自分が生前に先祖に「心を向けた」ことにより、自分の死後に必ず「心を向けて頂ける」のです。

顔も名前も知らない先祖たちが大半なのですが、先祖霊が迎えに来ますと、誰でもすぐにわかります。ナントナクの物凄い懐かしさでわかるのです。もちろん自分がよく知っている、死後の年月が経過している親族も迎えに来ます。

この話でわかって頂きたいことは、今の自分の生活自体が超貴重な機会であること、自分が苦しい中でも実行することが、超貴重であり、大変なチャンスであることに気づいて欲しいのです。

3 故人の善行を天に報告しましょう

親しかった故人を供養していて感じますことは、もし亡くなられて一年以内や、気になる新しい故人がおられるならば、
■その故人が、どんなに良い人だったか、どんな善行をした人なのか。
■とにかく故人の良いことだけを思い出して、線香を立てた後に思ってあげること。
これが、とても霊界へと響いて、故人を癒やし、故人がいる環境を上げていくことを感じています。どんな御経よりも、これが故人のためになることを感じます。

人間は生きている間は、喜怒哀楽、様々な思いが他人や家族に対してあるかも知れません。でも、どんな御方も、死ねば仏様《ほとけさま》なのです。私は、「誰もが死ねば仏様」という考え方がとても好きです。

しかし海外では、この考え方がなかなか言葉では理解されないようです。悪人が死ね

ば、いつまで経っても悪人だという見方のようです。

でも日本人には特に、どんな人でも亡くなれば、それは仏様であり、

「祇園精舎《ぎおんしょうじゃ》の鐘《かね》の声、諸行無常《しょぎょうむじょう》の響きあり。

沙羅双樹《しゃらそうじゅ》の花の色、盛者必衰《じょうしゃひっすい》の理《ことわり》をあらはす。

おごれる人も久しからず、ただ春の夜《よ》の夢のごとし。

たけき者も遂《つい》にはほろびぬ、ひとへに風の前の塵《ちり》に同じ。」（『平家物語』より）

このような感じ方が馴染む人柄の日本人の御方が多いと感じます。

故人の悪い思い出は、「そういうこともあった」と笑い飛ばし、故人の良い思い出だけを思ってあげて、感謝をしていくこと。これがあの世には、強力に作用します。

もし自分の死後に、このように思ってくれる人がいれば、どんなに自分が嬉しいだろうと想像をして欲しいのです。故人の喜びがわかって頂けることでしょう。

自分には故人に対して良い思い出がなくても、故人が真面目に働いて、家族を養ってくれたことや、外面《そとづら》だけは良くて、他人や親族に良いことをしていれば、それを天に向

けて、報告をしてあげて欲しいのです。

天は、生きる人から、そのような報告を受ければ、必ずそれを聞いています。そして、故人がいる環境を変化させます。

でも、以上の話は、逆にも悪用ができることに注意です。

故人が、いかに悪い人間だったかばかりを供養時に思えば、それは呪いとなり、天は、それも聞いています。

そして、それが事実の場合は、故人がいる環境が、段々と寒くなっていきます。でも、このように思う人のほうが悪いと天から判断された場合は、生きる人にバチが当たり、故人は大丈夫です。


❖供養時に思う良い思い出が、故人への最高のプレゼントになること。

❖特に、故人の善行を思ってあげることが、天に届いて故人に反映すること。

今日も、故人の善行を天に報告するつもりで、先祖供養をして頂ければ幸いです。

自分と縁ある故人が安心すれば、自分もこの世で安心していくようになる波動の不思議があります。

4　事故物件に住んでしまった人の話

霊を怖がる人が多いです。霊を信じない、という人も本当は怖いから信じたくないのかも知れません。人間は、自分には未知なこと、知らないモノを本能で避けるのでしょう。

霊を気にして大の大人が怖がり、必死に意味不明な御経を唱えたり、お祓《はら》いウンヌン、祝詞《のりと》や護符がどうのこうの……とこだわります。これこそが滑稽《こっけい》であり、自分だけが助かりたい我良《われよ》し（自分だけが良ければ良いという気持ち）が丸出しです。

これでは、かえって本当に色々な浮遊霊に同調して奇異な現象を呼び、霊体験をします。自分自身が原因なのです。磁石には、磁石が憑《つ》いて来るのです。

昔の相談者の男性にあったことなのですが、知らずに事故物件（自殺があった部屋）を借りたそうです。入居後に近所の住人から初めて聞いた話では、近年だけでも二名がすぐに退去された部屋とのことでした。

男性が恐る恐る住み始めて三日目の深夜に目が覚めますと、首を吊った状態でぶら下がったままの男性霊が部屋の隅から自分のことを見つめているのが見えたとのことでした。

「怖い！　嫌だ！」と慌《あわ》てた男性は、友人から紹介された霊能者に五万円を支払って、その部屋で除霊をしてもらったそうです。

ところが、その日からますます奇異な現象（物の移動や音がすること）が起こりだし、深夜に出る首吊りの霊の顔が怒ったようになっていたそうです。

男性は引っ越しをしたかったのですが、すでに今回の引っ越しで貯金がなくてできなかったのです。おまけに、自称の除霊ができる霊能者に五万円も取られてしまっています。

それから縁で私に相談が来ました。

私は助言として、とにかく先祖供養の依《よ》り代《しろ》を部屋に置くこと。

そして、御経や呪文は一切不要であり、霊に対して、
■自分もお金が無くて、ここにいるしか仕方がないこと。
■あなた（霊）も大変だろうが、自分には線香を上げることと、ここに住める感謝しかできないこと。
を心中で思い、「生かして頂いて　ありがとう御座います」と思いながら、線香三本を淡々と置いていくように言いました。

すると、翌日からまず部屋が静かになり、七日目には深夜に男性の首吊り霊を見なくなったそうです。

それでも、そのまま先祖供養の三本目の線香で男性霊に感謝をしていったそうです。四十九日ほどが経過した頃、深夜にあの男性霊が夢に現れ、ペコリと頭を下げて消えて行かれたそうです。その時は、首を吊った状態ではなくなっていたとのことでした。

やはり、霊に対しても、意味不明な外国由来の御経ではダメなのです。

生きている人間にも通じる普通の言葉が大事であり、霊を祓《はら》い避けようと拒絶する気持ちではなくて、霊の気持ちや立場もわかるが、感謝をしてあげることしか自分にはできないことを霊に詫《わ》びてあげること。

このような態度が大切なのです。

霊も生きている人間も、お互い様なのです。

生きている人間でも、身なりが汚いだけで避けられたり、意味不明な呪文のような行為をされますと、誰でも怒ることでしょう。

霊も肉体がないだけで、生きている人間と気持ちは同じなのです。心は永遠なのです。魂は決して死ねないのです。

この話の当時は、床供養の実践は天からまだ降ろされていませんでした。今ならば床供養がさらに効果することでしょう。

以上のような霊に対する「姿勢」を知っているだけでも、運命が変わって行きます。

霊に対する正しい姿勢が大切です。

目に見えないだけで、私たちは誰もが霊の海の中に住んでいるのです。生きている人間も霊です。

まるで、地球人というすでに宇宙人である私たちが、他の宇宙人の有無を討論しているのと同じことです。

昔の日本人は、すべて（大自然にも、家にも、台所にも、トイレにも）に霊が宿ると認識し、八百万《やおよろず》の神様として感謝をしました。

この姿勢を忘れないでいましょう。

5 「なぜ？」「どうして？」と問わない生活

元気だった家族や恋人、愛するペットが突然に死にますと、ショックを受けた人が最初に思うことは、

「なぜ死んだんだ？」「どうして？」

であり、これを繰り返す思考に陥《おちい》ります。

そして次に、

「なぜ自分だけが、こんな目に遭《あ》うのか？」

と思い始めます。

それから、「なぜ死んだんだ？」と「どうして自分だけがこんな目に」を繰り返し反《はん》芻《すう》（行ったり来たりと繰り返し考えること）することになります。

急に亡くなった人、または自殺をした人に対して、「なぜ死んだんだ？」と問えば、

相手の霊も「わからない」「何もわからない」と答えているものです。

生きている者と霊が、「なぜ死んだんだ？」→「わからない」を繰り返す姿になっています。

そして、霊は無言になっていきます。

「なぜ死んだか？」は、急に死んだ本人こそが、一番にわからないのは当然です。

自殺した人も、死んでみれば、どうして自殺をしてしまったのか、「自分でも本当にわからない」と言って、死後に後悔をしています。

言いたい話はここからです。

生きている人間に大いにあることであり、誰にも言えることとは、「どうして？」「なぜ自分だけが？」と理由を問いたがる癖のことです。白黒の原因を知りたがる癖です。

理由を永遠に反芻しながら問い続ける思考が、さらなる次の不運を呼ぶことになります。次の新しい明日に進むことを止めるのが、過去のことへの理由探し、原因にこだわることです。

生きている人が調べてもわからない場合は、死んだ人も同じく何もわかっていないだろうと思って、思いやりの気持ちを持つことが大切です。

死んだ本人もわからないことを、生きる側から問い続けることは、故人には酷《こく》なことであり、成仏に影響します。


❖だから、生き物の死に関しては、死んだという事実だけを受け入れて、「もし、あの時に自分が」とか、「なぜ死んだの？」とかは思わないこと。

❖人の死には、人智の及ばない様々な途方もない「重なり」があってこそだと思うこと。

❖故人に死んだ理由を思わない、問わないこと。それよりも、供養をしていく決意を思うことが故人を助けます。

❖故人に対して、「なぜ」と理由を問い続ける思考は、故人にも「泣きっ面《つら》に蜂」だと思ってやめることです。

以上は、故人に対してだけではなくて、

■終わったことに対して、理由を問い続ける癖。
■「なぜ自分だけが？」という比較心からの悩み。
何にでも理由を知るまで、前に進めない思考をやめることです。

「なぜ？」「どうして？」と問わないで、起こった事実だけを受け入れて直視して、前向きに生活をすることが、故人への供養にもなります。

このようなことが、皆様の参考になれば幸いです。

6 嫌な思い出の故人には、とにかく謝っておくこと

取引先の知人男性に会った時の話です。

最近、心臓が何となく重い、苦しい感じがするとのことでした。彼はスポーツマンで、とても心臓に問題があるような外見ではありません。でも話を聞きますと、寝る時に仰向けで寝ると苦しい、以前よりもノドが乾く、ドキドキする、などと話します。

それは狭心症のサインかも知れないから、とにかく循環器内科のある病院へ行くことを勧めました。

でも、「忙しいから病院へは行けない」「もう俺は死ぬんだ〜」と言うわけです。半分冗談か、真剣かわからないことを言います。

コーヒーを飲みながら、「まさか」と思い、彼の心臓から背中の裏を霊眼《れいがん》で視た時に、上手に隠れているエクトプラズム状態の初老の男性霊を視ました。

そして彼に、

「初老の男性で、心筋梗塞で亡くなった人を知らないか？　あなたを非常に恨んでいるような男性だ」

と教えますと、しばらく考えた彼は、驚いた顔をして「いた」と答えました。以前の共同経営者だった男性が、喧嘩別れをした数年後に、心筋梗塞が原因の事故に遭《あ》って亡くなられているとのことでした。

でも彼は怒るわけです。「私を恨むのは筋がおかしい」「私にも言い分が十分にある」とのことです。それでも彼は、以前から私には霊感があることは知っていましたので、素直に聞いてくれました。

私が彼に言いましたことは、
＊死ねば仏様だ。どんな理由があろうとも、とにかく初老の男性に心から心中で謝ろう。
＊亡くなった故人には、とにかく謝るのが一番にお得（徳）だから。
そして彼に聞きますと、家の仏壇には「名字＋霊位」だけの先祖全体の位牌がある

とのことでしたので、
■線香三本を順番に三角形に立てること。
■三本目の線香を、男性に心中で謝りながら立てること。
これをするように教えました。

後日に彼が言うには、三本目の線香を立てた直後から、心臓から違和感が「抜ける」のがわかったそうです。

でも、彼は怒るのです。

「本当に不思議な現象だ。でも、こんな理不尽《りふじん》なことはない。もし教えられなかったら、私は病院に行ったりして、時間的に仕事も大変なことになっただろう。あの感じでは、死んでいたかも知れない。霊がわからない人間には、こんな不公平なことはない」

それに対して私は、
＊それは共同経営者が亡くなっている事実の縁があったことだから、仕方がない。

＊この世はそういう縁でつながっているものだ。私とアナタの関係のように。
＊これからも、故人を思い出した時は、心中で謝ったほうが良い。
＊また心臓の違和感が起これば、今度こそすぐに病院へ行って欲しい。

以上のようなことがありました。言いたいことは、ここからです。


もし嫌な故人を思い出すことがあれば、心中で謝っていくことをお勧めします。思い出すたびにです。

もう理由や、過去の原因など関係ないのです。死ねば、どんな故人も仏様です。

これが自分自身への最高のお祓い、浄霊になります。

とにかく嫌な思い出の故人には、謝って「置く」ことです。

また、もし病気であっても、霊が原因のものは十パーセントもありません。やはり自分の生活が原因です。

だから、とにかく医師の診察を受けることからです。

前記の彼の例は、非常に珍しい部類です。

初老男性の怨念が、非常に強烈だったのです。執着を持った霊が、ドラマで犯人が警察のサーチライトから身を隠すシーンのように、必死に憑依を隠そうとするのを久しぶりに視ました。

ただ私にバレますと、彼への怨念をぶちまけていました。

そして憑《つ》かれた彼にしても、心臓がおかしいという思い込みで、本当に心臓が変になり、死へと誘導されていました。おそらく検査をしても、肉体的な問題は出なかったことでしょう。でも、症状はあるわけです。

こんな話をすれば、「私も憑かれていないか?」と心配をするのは人情です。

でも、大丈夫です。霊が誰なのかを、特定する必要はないのです。

とにかく思い出す嫌な故人があれば、謝っていくこと。これだけで、もし本当に霊障があれば、消えます。

思い出す故人はないけれど、憑依や霊障が心配だ。

こういう人は、生活努力と、先祖への感謝を普段の中でしていけば、本当に大丈夫です。先祖への感謝磁気を貯めることが、物事を改善させる力となります。

先祖とは、遺伝子ＤＮＡの集合体です。

自分にとっては、本当に様々な意味で「免疫力」にもなります。

先祖への感謝をしていけば、大丈夫です。

7 霊にも「愛情」からの言葉で説明していく気持ちが大切

❖苦行では悟れずに、他人からの愛情（慈悲）を受ければ、人は悟るのです。

❖幽霊も、愛情を受ければ、改心して守護霊になります。


非行少年も、怒られれば怒られるほど、反発するものです。決して、折れることがありません。でも、愛情を受けていけば、何かを感じて、その人の言うことは聞くかも知れません。

身近な人の悪行を止めるのは、憤怒の怒りではなくて、愛情からの怒りであり、愛情のある行為を相手にすることだと思います。でも、簡単にできることではありませんね。

十一面観世音菩薩《じゅういちめんかんぜおんぼさつ》の後頭部には、憤怒の怒りの表情が刻まれています。つまり、観音様でさえも、民衆を救うためには、慈悲の愛情ある御顔だけではなくて、憤怒の御顔も併《あわ》せ持つわけです。

私たちも、相手のために怒っても良いです。ただし、最近の人間から感じることですが、肝心な「愛情」を忘れ去って「怒り」だけになっている傾向に注意したいものです。

動画などに映る幽霊を観ていますと、「わかって欲しい」「わかって下さい」という思いを感じることがあります。

生きている人からも、自分が苦しいことを知って欲しい、こういう嫌なことがあることをわかって欲しい、という思いを感じます。


だから、もし家内でピキン、パシン、ギシギシなどの家鳴《やな》り、ラップ音がする場合は、ただ怖がらずに、「わかったよ」と思うことは有効です。

そして、「でも仕方がないでしょ」「成仏してね」「そのまま、ここにいるほど苦しくなっていくよ。早くあの世に行ってね！」と思ってあげることが、最高の御経なのです。

霊にもわかる**言葉と思い**と、**意味**が大切です。

皆さんは、意味はわからないけれど御経などが有効だと思いがちです。

しかし霊にとっても、御経は「何それ?」「意味が不明なんだけど」であり、自分に向けて御経が唱えられるということは、「私は死んだんだ」ということがわかるだけの意味しかありません。

発音からの当て字で何度も翻訳を重ねて伝えられてきた御経に、残念ながら効力はないのです。でも、「死んだ」ということを霊にわからせるパフォーマンス的な意味はあります。

それよりも、愛情ある話し言葉で説明をしていく思いが、霊を成仏させていきます。

これは、誰にでもできることです。


気をつけて欲しいのは、霊と「交信」をすれば、また違う意味のリスクが生じます。

霊の執着を喚起して、成仏を遅らせることもあります。

だから、**一方的な話し言葉による説明**で良いです。


とにかく、霊の状態でこの世にいる間は、霊体は腐っていくし、臭いはするし、苦痛が増していきます。だから早くあの世に行ったほうが良いと、思ってあげることを繰り返すことで良いです。

自分なりの言葉での説明で良いです。これを自分の生活の中で、仕事をしながらでも、心中で説明する「思い」を持つことで良いです。


ただし、一方通行で「思うだけ」が良いです。

霊からの相互受信は、切断する気持ちが大事です。


以上のような思い方が、個人の幸運や、運気の違いを生んでいきます。

愛情が深い人は、知らずに「気の毒な」「可哀想に」と思って縁ある霊に言葉を向けて成仏させていることがあります。


「袖《そで》振《ふ》り合うも多生《たしょう》の縁《えん》」

（知らない人とたまたま道で袖が触れ合うような、ちょっとしたことも前世からの深い因縁があるということ）

自分が感じる霊は、自分自身に縁があって寄られたと言えます。

そういう霊に、あの世に行くように説明していくことが、自分にも霊にも相互に良いことに変わります。縁ある霊を安心させるほど、自分の心境も安心して行くことになります。

愛情深い人は、運命が変わって行きます。

8 三十三回忌までの真の意味

教育者であり神秘家でもあったルドルフ・シュタイナーは、人が死んだ後にたどる過程を、自身が知覚したスピリチュアル体験から語っています。

その概要を要約しますと、
(1)死後にすぐ訪れる魂の体験は、今までの時間の流れの中で体験した「点の経験」ではなくなる。自分が死んだ地点から、自分が生まれた時に向かって順番に逆戻りして、人生で体験したすべての事柄をもう一度、再体験をすることになる。
(2)その時、自分の人生でのすべての出来事が、霊的に眼前に現れる。誰もがその人生でのすべての出来事を、逆の立場で、あるいは別の視点で、あるいは関係した相手に自分が成り代わって体験することになる。

(3)例えば、ある人物が六十歳で死んだとします。さかのぼって四十歳の時の激しい体験を死後に思い出します。その時に、激しい怒りから相手に肉体的あるいは精神的に苦痛を与えていたとします。すると、その人は死後、再び相手を攻撃する体験をするのではなくて、自分がその時の相手が感じた苦痛を受ける体験をするのである。
(4)死後に、相手の立場に成り代わる体験は、自分の魂が浄化をするまで続く。生きてきた年齢の約三分の一を要するだろう。
以上は、私が書いてきたこととほぼ一致します。
ただ、シュタイナー独自の新しい指摘は、
■相手の立場に成り代わる体験は、生きた年齢の約三分の一を、あの世で要する。
■九十歳の人生だった人は、死後にこの世の時間で言えば約三十年間をかけて、あの世で逆の立場を体験する。
ということです。

興味深いのは、一周忌・三回忌・七回忌・十三回忌……と続く、仏教の年忌《ねんき》の法要が、三十三回忌または五十回忌が終われば、永代供養への切り替えをおこなう場合が多いことです。

九十歳前後で亡くなる人が多いとしますと、その故人は死後に約三十年間はあの世で今生の復習をされていることになります。あの世で、今生の逆パターンを生きておられます。

すると、仏教で重視した三十三回忌とは、やはり霊的な意味が大きいと言えます。霊界のことがわかる人が、大昔に年忌を決めたと言えます。霊界の真実は一つですから、国や時代が違っても、その指す内容は矛盾がないものとなるはずです。

シュタイナーの死後の説明を読んで、改めて感じますことは、ことわざにあります、「情けは人のためならず」です。

他人にかける情けは、その人のためになるだけではなく、巡り巡って、やがて自分のためになるということです。

子育てで悩む人が多いですが、自分の子どもにかけた時間と内容は、死後の自分自身があの世で子どもにまで戻った時に、自分自身が受ける立場で再体験をすることになります。

もし、これを言われて、自分の死後が怖いと思うのか？

または、死後に自分自身に返って来ることを楽しみにできるのか？

幼児虐待で子どもを殺した親は、自分が死後に逆の立場を体験することでしょう。

他人を脅迫したり、誹謗中傷《ひぼうちゅうしょう》したことは、いつか本人に必ず返ります。

すべては完璧《かんぺき》であり、公平だった。

これからの生き方の参考になれば幸いです。

9 私たちの生き方が、鎮魂歌

鎮魂歌《ちんこんか》とは、死者の霊を慰《なぐさ》めるために作られた詩歌《しいか》という意味です。私たちが生きること自体が鎮魂歌となる。
このように感じます。

人それぞれに、様々な生き方があることでしょう。
かっこ悪い生き方。
いつも下に見られる生き方。
いくらがんばっても評価もされない生き方。

このような生き方が時にはあったとしても、それは自分の先祖にも、同じような苦しみを持った御方がいた、と思うのはいかがでしょうか。

もし過去に、今の自分と同じ体験をした縁者の故人がいれば、同様に苦しむ私たちをあの世から見れば、何を思われると思いますか？

とても興味深く、今に生きる私たちを見ていることでしょう。

「あの時の自分と同じだ。ああ、この子はどう生きるのだろうか？」

という感じにです。

ここで、見ている者（故人）と見られる者（私たち）、という世界が存在します。見られていても、何も気づけない私たちです。

そして、
■何で、自分だけがこんな目に遭《あ》うのか。
■誰も、わかってくれない。
■自分は独りだ。
と、私たちは悲嘆しているかも知れません。

でも、いつかの自分と同じような生活をしている子孫を、縁ある故人たちは必ず見ています。でも、何もできないのです。

守護ができる守護霊は、もっと上の次元にいる安心した先祖霊です。私たちの生活を観て、守護の有無を判断されます。いくら子孫であっても、悪行や堕落に加担する守護はできません。

どんなハンディの中でも、精一杯に生きる姿を見せることが、守護霊を動かします。


そこで、もし生きる自分たちが、見ている故人たちと似た苦境の中でも、
■何とか健気《けなげ》に、がんばる姿。
■何もわからないままでも、精一杯に生きようとする姿。
こういう姿を故人たちに見せることで、供養が必要な故人たちに大きな気づきが起こります。これが最高の慰《なぐさ》めとなります。

私たちが懸命に生きる姿を見せることが、最高の供養であり鎮魂歌です。

私たちは、故人たちの鎮魂歌となるような生き方をしたいものです。

でも、できないことも、多々あるかも知れません。もし、がんばれない自分を見せたとしても、それも似たような苦しみを持った故人には鎮魂歌です。

とにかく、わからない中を喜怒哀楽しながら生きる自分の姿が、誰かへの鎮魂歌となっていることを言いたかったのです。

どんな生き方も、決してムダではありません。似たような故人を、慰めている可能性があるということなのです。

10 自殺について

子どもや若い人たちの自殺の報道を視ていますと、スマホやネットの存在、ネットゲームへの熱中を感じることが多いです。

では、これらの何が自殺と結びつくのでしょうか？
＊データのリセットの習慣。停滞した時に、新しいゲームに何度でも再挑戦ができること。
＊これを繰り返し「実行」するうちに、自分の魂も、サッパリとリセットができるという錯覚を生む。
これから、コンピューターやネット生活に使われる人・飼われる人と、機器を使いながらも自然を忘れずに人間として生きる人に、社会が分離していくことを感じます。

コンピューターやネットが創り出した仮想世界に住むことが、自殺への誘導の陰にあることを感じます。これには、死後の正しい霊界の知識が、今の人間界にないことも関係します。

自殺しても、悩みのリセットなどは絶対に起こりません。

その死んだ時の苦しい心境のままでの、凍結が速《すみ》やかに起こります。

自分が一番逃れたかった心痛や、苦痛、虚無感の中での固定化が起こります。

生きてさえいれば、心境はころころと変わるものです。好きなことをすれば、気分転換もできます。

でも、自殺をすれば、自分が一番嫌な状態、つまり死んだ時の心の状態のままで、顔や肉体の状態が反映した霊体の形状で、固定化されます。

さらには、自殺した時の「動作」までが、この世で固定化されるのです。例えば、ビルから飛び降りれば、壊れたビデオテープの再生のように、自殺霊はビルから飛び降りる動作を永遠に繰り返します。

これは、自殺の名所で観光客が撮影した映像の中に、黒い霊体が飛び降りる姿が録画される現象としても、確認されています。まるで、夢遊病のように、ロボットのように、意思のない状態で、死ぬ時の動作が固定化されます。

私の記憶と今生の経験から言えますことは、あの世はこの世よりも透明で、「完全に管理された世界」だということです。ウソも、誤魔化しも不可能な世界です。死んで終わりどころか、それは永遠の「始まり」に過ぎないことを、強く断言しておきます。

どんな形でも、自殺をすれば百パーセント後悔することを、言っておきます。たとえ浮浪者になっても良いから、自然死まで、這《は》ってでも生きた者が、真の勝利者です。

肉体の苦痛も大丈夫です。すべてに意味がありムダではなくて、大いなる昇華となり、その分の快楽があの世で待っています。

苦痛への投薬による医療的な緩和《かんわ》は大切ですが、私は安楽死には賛成していません。

これは、あくまでも、私の個人的な霊的世界観ですが、安楽死をされた故人が、「別に慌《あわ》てることはなかったのだ」とあの世を知ってから思っていることを感じるからです。

この世で、イジメられても、何に負けても、恥ずかしくても大丈夫です。

そのすべては、最後までこの世で生き切れば、あの世で大逆転、反転するのです。

この世とあの世は、合わせ鏡のように、すべてが反転すると思って下さい。

家族や知人に自殺者がいれば、家族や縁者による依《よ》り代《しろ》（「○○家先祖代々の霊位」と記した短冊《たんざく》か位牌《いはい》）と線香三本の供養をおこない、感謝の気持ちを故人に送りましょう。

これが凍結された故人の魂を徐々に溶かし、苦痛から救い出すことが可能です。他人に金銭で委託する供養などは、故人を経文や呪文などで逆に縛ることになるから賛成しません。

故人を助ける人は、いずれは自分自身も助けられます。

この世とあの世は、目に見えない量子コンピューターで、因果の鎖《くさり》が完全に紐付《ひもづ》けられ管理されています。これを誤魔化すことは不可能です。

過去からのすべての帳尻を合わせた次の転生も、完璧に出現・示現します。

大いなる慈悲の存在が、すべてを観てくれています。

だから安心して、何があっても大丈夫ですから、最後まで生き切りましょう。

以上は、あくまでも私の霊的な世界観です。

信じるか否《いな》かは、皆様の自由です。それも縁です。

11 自分で見えない壁を創ると、死後も要注意

海外のドキュメンタリー番組で、「幽霊が出る屋敷」を取材して、科学的な測定装置を駆使《くし》して怪現象を検証する内容のものがありました。

米国では、百年を超えるような屋敷が、今でも多数利用されています。その中には、かなりの確率で幽霊が出るとされているものがあります。

エクソシスト（悪魔祓い師）を同伴した撮影は、意外に本気の検証でした。

赤外線カメラ、電磁波測定装置を「出る」とされる部屋に設置した結果は、雲状のエアロゾルのようなカタマリが移動するのが観察されました。

他の複数の屋敷でも撮影に成功した結果、それらを分析しますと、
＊雲状の存在は、特定の範囲の見えない壁内に閉じ込められているように、一定の空間内だけを移動していた。

＊それは、円形の壁が創り出す空間だった。
すると、ヨーロッパでも悪魔祓いの経験が豊富だったエクソシストが言うには、
＊床に小麦粉を撒《ま》いて、悪魔を召喚した場合、悪魔の足跡が多数、小麦粉を撒いた床面に現れて残る。
＊その足跡は、円形の内部だけを移動したように残る。見えない円形の外側には、足跡が付かない。その円形の直径は、六メートルぐらいが多かった。
つまり、自殺をしたり怨念を残した霊は、ある特定の場所に縛られた状態（地縛霊）になる。

それは、最大でも、六メートルぐらいの狭い円形の空間である。霊によって動ける円の直径は違い、中には、固定の一箇所から動けない霊もいる。

その円形を形成する壁は、見えないバリアーのような、越えられない次元の境界である。

生きている間でも、不満と文句が多い人間が、百年以上も直径六メートルの円形内にいることを想像して下さい。耐えられるのでしょうか？

とにかく、迷える霊は、見えない円形の壁の障壁内に閉じ込められると思って下さい。

中には、生きている人に憑依すれば、違う場所に移動ができることはあると感じます。

でも、別の場所でも、やはり円形の壁が生じて、それ以上は動けないことでしょう。

言いたいことは、ここからです。

生きている私たちも、生きながらにして見えない壁の中で、生活していることを感じます。
■自分なんか、何をしても絶対にダメだ。
■どうせ、このままだ。
■この環境を、抜けることは、どうしてもできないだろう。
このように、あきらめて、見えない壁の中で暮らしています。

でも、他人から見れば、そういう壁は見えません。

「そんな壁、ないよ」

「簡単に越えられるよ」

と他人からは見えてしまいます。


確かに他人ですから、無責任だとは思います。

でも、悟りとは、自分が無理だとあきらめている壁を、「すっ」と越えることだと感じます。そういう縛る壁は本当はなかったことに、目覚めることだと感じます。

運動選手も、本番に今までにない力を出す現象を「意識のゾーンに入った」「リミッターが切れたような」「見えない壁を破った」と言われます。


私たちが、絶対に無理だとあきらめて、ため息をつくような壁があることでしょう。

でも、自分で勝手に壁を作って、他人も、仕事も、人生も拒否していないでしょうか？

独りで、壁どころか、城壁を構築していないでしょうか？


この自分自身が創った壁を、いつの間にか、

■他人が創った。
■家族に創られてしまった壁。
■自分は壁に囲まれた被害者だ。
もし、このように思う面があれば、それは要注意です。
これは、自分で自分自身を縛っていることになります。すると、行動範囲がドンドン狭くなっていくのです。この世でも。

自分の死後に、見えない壁が出現しないように、
■生きている間は、他人との間にも、壁を創らないように。
■おおらかに生きて、自分で自分を解放させることを意識すること。
■何にでも、壁を創らない誓い。
これを参考にして頂けると、幸いです。

12 最期に会えなかった故人への思い方

コロナ禍のために、親族が危篤状態になりましても、なかなか面会もできないまま、死別してしまう方々が多かったと聞きます。

でも、御遺体で自宅に帰ることができれば、まだマシだったかも知れません。

故人が新型コロナで入院して亡くなった場合には、家族は御遺体にも面会することができないまま、火葬が済んでから遺骨で自宅に帰ることになった時期もありました。


このような死別では、故人も可哀想ですが、家族の悲しみもより深いものです。
■せめて、火葬前に顔を見て、お別れしたかった。
■生前、最後に会った時の顔も、会話も思い出せない。
■あれが最後の別れでは、辛すぎる。
■最後に会ったあの時、もっと思いやりのある言葉を言ってあげれば良かった。

などなどと、残った家族は、様々な後悔に苦しむことになります。「コロナのせいで仕方がなかった」と自分自身を納得させる繰り返しをされることでしょう。

こういう場合は、どのように思うことが、一番故人のためになるのでしょうか？

家族自身は、どう思えば良いのでしょうか？

❖自分が、故人のための供養を生涯していくことを誓うことで、故人には許して欲しい。

このように思うことが、皆様の参考になれば幸いです。

この思いの言葉には、「故人のために」「供養」「生涯」「誓い」「許し」というキーワードが入っています。

これは、生きている家族側に、納得と癒《い》やし、慰《なぐさ》めを起こすと感じます。

そして故人にとっては、亡くなった直後の葬儀というイベントが終わってからが重要なのです。故人にとって本当に大切で長い、死後の期間に入って行く経験をします。

その時に故人の一番の助けとなることは、生きている家族がしてくれる供養なのです。

それも一時的な供養では終わらずに、長ければ長い年数であるほど、故人のためになります。

「葬儀をすれば終わり」ではなくて、葬儀が済んだ後からが、故人にとっての大切な本番の始まり。それを助けるのが、生きている家族がしていく供養と言えます。

どんな災禍の中でも、何とか前向きに、故人を助けながらがんばりましょう。

生きている人がおこなう善意は、故人も、自分自身をも救います。

13 日々の習慣性が人生を決める可能性

人は、日々を習慣性の中で生きていると思います。
曜日ごとの生活パターンが、仕事の内容や移動も含めて、あると思います。このようなカレンダーに従った習慣性もあれば、朝に起きてから寝るまでの間の習慣も、食事も含めて自分なりの習慣の中で人は生きています。
これを三百六十五日、何年も何十年も繰り返しながら、人は似たような習慣性の中で生きて死んで行きます。

霊も、死後も執着していることがありますと、その執着に対しての同じ動作、現れを繰り返す習慣性の中で存在することがあります。

幽霊が目撃されやすい時間帯があることも、霊が持つ習慣性から起こることです。

飛び降り自殺が多いマンションやビルがあるのも、過去に自殺した霊の習慣性が、新規の自殺者を呼ぶことで起こります。

飛び降り自殺の多い建物の玄関前を視ますと、そこで過去に飛び降り自殺をした霊が立っており、前の道路を歩く人を見ている光景を散見します。

そこに深く悩んでいる人が通りかかりますと、霊がその人の手を掴みに行きます。そして、ビルの玄関口の方向に引っ張って、その人がビルの屋上を見たくなるように耳元でささやきます。

この時の通行人は、ビルの前で急に立ち止まり、携帯電話など見ていることが多いです。自分でもわからずに、とにかくビルの前で足を止めた状態になりやすいです。

この状態で通行人が無意識に霊を振り切った場合は、手を引いていた霊は背中に飛び乗り、そのまま通行人に憑《つ》いて行きます。おそらく、その後は日数をかけて、通行人はそのビルの屋上へと憑依により誘導され、飛び降りるパターンもあることでしょう。

このように自殺した霊は、同じ場所で新規の道連れを増やしながら、死後も何回もビルから飛び降りる習慣性の中で悪霊として存在します。

これと同じことが、駅のホームでも、横断歩道でも、大きな橋や崖などの自殺の名所でも、そこで自殺した霊が習慣性の活動をしていることがあるので注意です。

さらには、神仏も、習慣性の中で存在します。神仏の縁日《えんにち》という日も、神仏が起こす習慣性から言われ始めたことです。

縁日とは、神仏の降誕した日、奇跡を見せた日、意思表示が降りやすい日などの縁《ゆかり》のある日を指します。神社仏閣では、御祭神や御本尊に縁のある特定の日に、祭事や供養がおこなわれるものです。

人間も、霊も、神仏も、習慣性の中で繰り返しながら存在します。

言いたいことは、自分が持つ習慣性に注意をして欲しいし、習慣はバカにできないということなのです。

少しでも良い習慣が一日の中にあれば、前記のような悪い霊の習慣性からも逃げることが可能なのです。

不倫などは、悪い習慣性です。もう惰性《だせい》で繰り返す人が多いです。

違法薬物なども悪い習慣性です。こういう習慣性を一度でも持てば、そこから逃げることは難しいです。

これは憑依にも言えます。


以上のような悪い習慣性にかからないためには、一日の中で、先祖（自分の遺伝子）に感謝をする習慣を持つことです。

供養行為ができない場合でも、心中で思う習慣が必ずあれば、それで大丈夫です。

日常に関する個人的なことには、やはり先祖（遺伝子）への感謝の習慣が強く作用します。

そしてできれば、神仏に感謝する習慣、さらには先祖供養や神祭りの習慣があれば、前記のような悪霊の側《そば》を通過しても平気です。霊側にも、そういう習慣を持つ人が視えてわかります。悪霊には、近寄り難《がた》い怖い習慣に感じられます。

麻ヒモを手首に巻く習慣や、海塩で洗髪する習慣も、影響を受けそうな場合は非常に有効です。

自分の生活の中で、できるだけ良い習慣を増やすことが、皆様の参考になれば幸いです。

14 柔訳《じゅうやく》「般若心経《はんにゃしんぎょう》」

仏典の「般若心経《はんにゃしんぎょう》」の本質は、非常にシンプルなものです。

「あなたは非常に良くがんばりました　もう十分ですよ
もうがんばらなくても大丈夫だよ
もうどんなことも忘れて良いんだよ
あなたが生前に良くがんばったことが素晴らしい
その結果は関係ないんだよ
良くがんばりました　良くがんばりました

あなたは今も生きていますが、もう死んだのですよ
あなたはもう死んでいますが、そのまま生きるから安心してね

この世界ではもう死んでいるから、次の世界に進み、そこで生きましょう
死んだままこの世界にいると、段々と苦しくなるから、次の世界に行きましょう

さあ、川の向こう岸に行きましょう　川の向こうに渡りましょう
進みましょう　進みましょう」

これが般若心経の本質です。

般若心経の「音読み」では、翻訳者である鳩摩羅什《くまらじゅう》の「仕かけ」が発動するので、その霊的な意味は良いものではありません。

でも、釈尊の真意・真理を、前記のように日本語で読むのは霊に良く通じて、とても良いものです。

一生懸命に生きた人間や、一途な使命感に懸命に生きた動物たちには、御経の本質を理解すれば、その思いは霊に良く届きます。

非常に良くがんばった故人にも動物さんにも、「もうがんばらなくても良いんだよ」と心を向けて頂ければ幸いです。

人間のために使命で生きてくれた家畜にも、感謝を思います。


人間も、自分ができることもがんばらなかった人は、死後はそういう自分自身への無念が残ります。

本当の自分が、生前の自分を許してくれない現象が死後に起こります。そういう本当の自分が、簡単には川の向こうに行かせてくれないのです。


もし人生の結果はダメであっても、自分なりに一生懸命にがんばった人は素晴らしいです。そういう人には、

「もうがんばらなくても良いんだよ」

というこの般若心経の本意が良く通じて成仏します。


皆様の参考になれば、有り難いです。

15 危篤《きとく》の人にかける言葉とは

釈尊は、死ぬ間際の人に対しておっしゃいました。
「さあ今こそ、気を抜かずに努力する時が来ましたよ。
最期の最後まで、自分の心が清らかになるように努力しましょう。
もし反省するべきことが浮かべば、素直に反省しましょう。
心から謝っておきましょう。
そして、自分に関わってくれたすべての人に、今こそ感謝を思いましょう。
心を明るくして、死に向かう準備を思いながら、がんばりましょう。
（『原始仏典ダンマパダ十八章二百三十六番より）
この様子を見ていた家族や周囲の人たち、釈尊の弟子たちも、とても驚いたとのことです。

「えっ⁉　死の間際の人に向かって、なんてことをおっしゃるのか？」

「危篤《きとく》の病人に向かって安心させるどころか、今こそがんばれ！　とは、これいかに？」

「しかも、反省せよ！　とか、謝れ！　とか、いったい何なんだ？」

このように周囲の人は思ったことでしょう。

ここに、この世の価値観で生きる一般人と、人の「死後の人生」まで考える釈尊との違いが出ています。


一般の人が「良かれ」と思ってかける言葉には、危篤の人が執着を起こしてこの世に留《とど》まりたいと思わせることが多いのです。

「また孫と遊園地に行こう」「元気になって、あれを食べに行こう」などなど……、こういうことを聞かされますと、心残りが生じるのが人情です。

でも、霊的には、死に行く人にとっては、心残りは死後の苦痛に変わります。心が、この世に引かれて苦しみます。

そうではなくて、もう回復の見込みのない危篤の状態ならば、

「何も心配せずに、光に向かって行くんだよ！」

「家族のことは、気にせずに、忘れても、もう大丈夫だから安心してね！」

これが一般の人が言える、百点の危篤の人にかける言葉です。

でも、釈尊がおっしゃったのは、さらに上を行く、危篤の人が天国に行ける可能性を高めるための言葉でした。

周囲の人を気にせずに、本当に危篤の人自身のためになることを、その死後の永い人生で住む世界のことまで考えての発言だったのです。

死の瞬間こそが、今回の人生の最大最後の山場なのです。

この時に思う内容が、死後と来生に影響します。

そして大切なことは、元気なうちは、どんなに喜怒哀楽の垢《あか》まみれでも良いのです。

しかし、死の瞬間には、少しでも「清らかな心」になるほうが、死後の人生は良い環

境に生まれ出ます。

少しでも「清らかな心」になるためには、反省と感謝の繰り返しが危篤の心境には大切なのです。


以上のことを考えますと、般若心経の最後にある言葉を、

「何も心配せずに、心を残すことなく、行け行け行けよ！　進め！　進め！　進め！」

と連呼する意味だと、日本語で解釈することは非常に有効なのです。

第三章

上手な生き方、上手な死に方

1
最期の最後に許されたい、たった一つのお願いは何でしょうか？

東日本大震災で家族を亡くされた遺族が、近年になりやっとの思いで、当時にあった不思議な体験を話し始めています。
＊あるはずのない場所に、故人の愛用品が汚れずに目立つように置いてあった。家族は、故人の遺品がなくて困っていた。
＊解約した故人の携帯電話から、一言だけのメールが届く。
罪なくして亡くなられた故人たちは、四十九日の間に、「たった一つだけ」生きている家族に意思表示、何かの伝達が神様から許されると想像してみましょう。

でも、大半の故人は、この権利を使用せずにこの世を去ると私は感じます。

それは、なぜでしょうか？

■言いたいことが一杯ありすぎて、一つでは済まないことがわかるから。
■この世を去り難《がた》くなってしまうとわかるから。
■もう、仕方がないとわかるから。
■生きている家族を、逆に悲しませるから。
■成仏していないと家族に思わせて、心配をさせたくないから。
故人で様々だと感じます。


いざ自分ならば、最期に一言が許されるならば、家族や恋人に何を言いたいですか？

あり過ぎて、何も言えないかも知れませんね。

「何も言えない。でも、家族を忘れないよ。ずっと、見守っているからね」

このような多くの故人たちの思いを私は感じます。


なぜ、このように故人たちが思うとわかるのか？

そのヒントは、実際に複数の遺族が語る証言にあります。

故人を助けられなくて、悲しむ家族の夢の中に現れた故人が、

「おばあちゃんは本当に大丈夫だから、もう心配しないで」。

また、若い故人がニコニコしながら、

「私は本当に大丈夫だから」

などと遺族に告げたという話が沢山あります。

これは故人には、
■死ねば終わりではないことがわかったから。
■大自然による死は、特別な待遇がされる。
■でも家族には、あの世のことを何も絶対に言ってはいけない強いオキテがある。
このようなことを感じます。


普段の私たちは、自分が死ぬ時の想像をしません。だから、最期の一言に何を言いたいか？　伝えたいか？　などと考えないものです。

でも、たまにこれを想像してみますと、

■家族への感謝の思い。
■謙虚さ。
■反省。
これを思い出すかも知れませんね。

誰もが通る道が、死です。
自分ならば、最期の一言は何か?
それとも、言葉はもう不要なのか?
これを考えるだけでも、人は今の生活が正されるかも知れません。

2 故人はあの世について語ってはいけないオキテ

前項の「最期の最後に許されたい、たった一つのお願いは何でしょうか?」におきまして、夢の中に現れた故人が、あの世での暮らしぶりなど死後の世界について、生きている家族に何も説明しない理由に、

「でも家族には、あの世のことを何も絶対に言ってはいけない強いオキテがある。」

と書きました。これに対して多くの読者が、

「どうして神様は、そんなルールにするのか?」

と思われたことでしょう。

でもこれは日本だけではなくて、ここ百年間、世界中において死者と交信した報告の中に、故人の霊が死後の世界について語ることは、

「天使から厳しく禁止されている」

「それを言えば、あなたと二度と交流が許されなくなる」

等々の内容が見られます。

この話は、過去記事にも何度も出ており、そのたびに私は、

「生きている私たちに、この世で自分の魂の本性を出させるため」

「もし物を盗む人がいれば、明らかに監視カメラがあるとわかる前では、物を盗むのでしょうか？」

などなどと返答してきました。

改めて思いますことは、最新の遊園地のアトラクションには、３Ｄ映像＋座席連動型のバーチャル世界（仮想現実世界）を体験させるものが増えています。もの凄くお金がかかっていることでしょう。

もし私たちがいるこの世界が、もうダメだと思い込むほど真剣に喜怒哀楽する、神様が創造したバーチャル世界だったとしたら？

このように想像をして欲しいのです。

❖そうしますと、余計なネタバラシは、せっかく、やっとの思いで、莫大な参加費用をかけてバーチャル世界を体験している魂には、無意味な、成果がない人生になる可能性があります。

❖雑巾を絞るようなギリギリな思いこそが、魂の成長を起こすのです。これを妨害することになります。

❖あの世があるのかないのか、わからない状態に置くほうが、その魂の本性が出るのです。


釈尊が、人が転生してこの世に生まれ出ることが、いかに難しい稀有《けう》な確率で起こることなのかを説明した例として、
☆世界に一つしかない小舟の船底が、大海を漂流する間にすり切れて小さな穴が開き、その穴に世界に一頭しかいない非常に用心深い目の見えない海亀が、百年に一度だけ海底から首を出した時に、その首が船底から偶然に突き出るほどの稀有な条件が、この世に生まれるには必要だ。
☆世界中の海岸の砂浜から、たった一粒の自分という砂粒を見つけ出さなければ、この

世に生まれることはできない。

このように、人間が生まれ出る貴重さを「まず無理なこと」「有り得ない不可思議な現象」と釈尊は表現しています。

神様が何とかやっと創造したバーチャル世界（この世）を途中で止めたくて、自殺をすることがいかに大きな過《あやま》ちであるかも想像ができます。どんな形でも良いから、最後まで体験すれば勝利者です。

真剣に悩み、もうダメだと何度も思い込み、それでも何とか今回の人生を生きてみましょう。必ず救われます。

あの世でネタバラシを見た時に、すべての魂が自分の今回の人生を「自業自得だった」「逆恨みだった」と納得します……。

そして、「こんな自分が行くべき世界は」と自分自身で判断して、地獄か天国か、素直に選んで進んで行きます。閻魔大王《えんまだいおう》などいません。

神様などいない！　いるはずがない……、これでも別に良いのです。
そう思う人は、ではこの世で何をするのでしょうか？
何をしてもバレない可能性があるし、死ねば、それで終わりなのでしょう？
さあ、さあ、自由に生きましょう。
その人の魂の本性が出ることでしょう。

3 途中（ing）の中で去って行くこと

心配な子どもを残したまま、死んで行く親。

苦労して、やっと形になりかけた仕事の途中で、亡くなる人。

夢と楽しみを持った婚約期間中に、事故死をした人。

この世には、様々な「まだ途中の中での死」というものがあるものです。

私にしても、過去最高のブログ記事を書いている最中に、公表する直前に死んで行くかも知れません（笑）。

考えてみますと、誰もが途中の中で死んで行くわけです。中途半端な状態の中で、この世を去るのです。

そうしますと、**私たちは普段から、本当に自分なりに一生懸命したならば、「中途半**

端でも良し、最高！」とする生き方の練習をしておいたほうが良い。

このように思うわけです。


なぜ、こんなことを書いたかと言いますと、
■心が病んでいく人は、意外と完璧主義（これも執着）だった。
■他人と比較しては、理想から離れている自分を、許せない人が病んでいきやすい。
■中途半端に対する耐性がない人が病む。
■白黒を付けないと、気が休まらない人が病んでいきやすい。
このように多くの人々を観ていて感じています。


完璧主義では、人生をがんばれるかも知れないが、死ぬ時に迷いやすい。執着を残しやすい。

ダメな状態でも、途中の状態でも、その中でも、「思いを残さない練習」が大切だと思います。

そのためには、

■途中のままでも、それも神様の愛情の中での出来事であること。
■心配な子どもを残して、死んで行く状態でも、神様の愛情が実在することを信じること。
■だから、途中の状態でも、それなりに必ず収まっていくことを信じていれば良い。
■ただ、自分ができることは一生懸命に何でも「した」ことが大事。
このように感じます。


完璧や理想、区切りを想像するから苦しくなります。

そもそもが、中途半端こそが創造の途中であり、神様の意志だと感じます。

老子が、「本当の大器は完成しない」「未完こそが宇宙の姿」と示唆《しさ》した通りです。


中途半端な自分も愛しましょう。そして、誰もが途中（ing）で、この世を去って行くことを覚悟しておけば、その時に迷いません。

「そういうものなのだ」「仕方がないじゃん」

これで良いのです。

4 すべては、一期《いちごいちえ》一会

古代ギリシャの哲学者ヘラクレイトスの言葉に、

「同じ川には、二度と入れない。なぜなら川はずっと流れているから」というものがあるそうです。次に同じ川に入りましても、前と同じ水ではありませんし、水温も違うことでしょう。この言葉に真理を感じます。

このセリフから思い出します言葉は、「一期一会《いちごいちえ》」です。

茶会は毎回、一生に一度だけの出会いだと思い、主客共に誠心誠意をもっておこなうべきことという茶道の言葉です。

そして、私たちの人生も、今生とまったく同じ条件は、過去生にも、未来の転生にも有り得ません。生まれる国、その年代・性別・容貌・性格・親や兄弟・職業……。もし生まれ変わるにしても、条件がまったく同じであることはないのです。

今生の条件は、一期一会です。

今の人生なんて、二度と嫌だ、こんな嫌な……、と思う人も多いかも知れません。でも、そういう人生だからこそ、この世を卒業した時には「生前に気づけなかった特別な思い」を感じることでしょう。

辛い人生ほど、あの世ではお宝だったことがわかるからです。

誰もが死の川を渡れば、過去生のすべてを思い出し、今回の人生を振り返ります。しかも映像付きのリアルな3D映像を見ながら、内在神だった存在から、その時々についての解説を聞きながらです。

その時に、多くの魂は、ギブアップします。
＊すべては、自分のために、出現してくれていた。過去生のアノ時の償《つぐな》いを、自分はさせて頂いていたんだ。
＊自分のために、付き合ってくれていた家族に申し訳ない。

＊「申し訳ない」の一言に尽きる。それ以上、何も言えない。
＊「そうだったのか」の繰り返しと、深い後悔の去来。

誰もが死後のバルドォの四十九日の間に、このような反省期間を持ちます。このような死後の反省を、多くの人が何回も何回も繰り返してきています。

そして毎回のように、反省と後悔をしたのです。


以上の文章を読むだけでも、何となく、そのような経験をした感覚を思い出す御方もおられることでしょう。別に思い出さなくても、「そういうものかも知れない」「何となくわかる」と思って頂ければ十分です。

自分は死後に反省と後悔をしそうだと思えた人は、やはり生き方が微妙に改善するものです。これで十分です。

知ると知らぬでは大違いです。


今の家族とも、同僚とも、知人とも、「今生の条件では」最初で最後の出会いです。

来生で出会うにしても、違う「条件」と「環境」同士でしょう。

このように考えますと、嫌な相手ほど許せる気持ちも理解ができるかも知れません。

お互いに生まれ直して、今生で「出会った」相手の立場を来生で体験し、旅を続けます。

大らかな気持ちで、他人を見たいものです。

以上は、私の夢想の記憶です。

根拠はありませんから、皆様なりにもし感じることがあれば幸いです。

5 辛いことは、この世で体験して済ませたほうがお得です

最近のニュースを見ていますと、高齢化社会を迎える日本では、安楽死問題の真剣で具体的な議論と法律化がいよいよ必要になっていくと感じます。

でも、どんなに良い法律でも、それを悪用する人が出る想定が必要です。
■安楽死を望むと「されている」患者さんが、大きな生命保険金がかけられている場合や大きな財産を所有している場合。または、大きな財産を相続する権利を持つ一人であり、相続を争う親族がいる場合。
■以前に書いた、安楽死を希望する一筆があるだけで、今の本人の希望は不明。
■意識不明で現在の意思確認ができない状態での、家族からの希望での安楽死など。
こういう場合に、はたして患者の周囲の人間の意思で、紙に書いてあるルールに合格

しているからと、安楽死を実行しても良いのでしょうか。

怖い悪意のために、安楽死が合法的に悪用されない策が必要です。本人は安楽死を希望していないのに、殺される可能性も想定が必要です。

ここから書きますことは、あくまでも個人的な私見です。

釈尊の因果論や、私の観てきた霊的な世界観から言えますことは、様々なケースがあるために、軽々な安楽死論は言えませんが、自殺については、言えることはあります。

それは、
■自殺しても、「現状の苦しみを」そのままあの世に持ち越すだけであり、継続すること。
■自分の心が住む世界が変わるだけであり、問題は解決しないこと。
これが言えます。

だから、もし自殺したいほどの苦悩があれば、
■ダメ元で良いから、そのための努力をすること。

■この世での苦難は、体験しても決してムダではないこと。大きな価値がある。
■この世で体験した分は、あの世で相殺《そうさい》が起こり、苦難が軽減される。
だから、
■この世で逃げたとしても、それ以上の分量があの世で待っているだけである。
■この世で体験するか、あの世で利子が付いた増量を体験するか、というのが真相。
■体験して昇華しなければいけないことが、誰にでもある。
さらには、
■この世の苦難や苦痛は、自殺すれば、肉体を失《な》くした鋭敏な感覚だけの世界では、十倍の苦痛に変化する。
■だから、自殺するほうが損である。どうせ嫌なことを体験しなければいけないならば、この世で済ませるのが一番にお得なのが真相。
つまり、「雨降らば降れ。風吹かば吹け」（一休さん）の心境で生きることが大切です。

安楽死の問題も、今のその苦痛は、決してムダではありません。

ギリギリまで、すべてを体験してから……、安楽死を考えて欲しいものです。


まだ生きなければいけないのか？

まだか？

こういう葛藤の期間を長く持てば持つほど、あの世に帰った時は、自分自身のためになるということを言いたかったのです。

6 人は死を意識した時から、人生を真剣に生きます

多くの人々を観ていて浮かぶ禅語は、「去死十分《きょしじゅうぶん》」（『碧巌録《へきがんろく》』より）です。

人は、「必ず自分が死ぬこと」を自覚した時から、人生を十分に、全力で真剣に生き始めることを指します。

では、自分が死ぬとは思わないうちは、人は人生を十分に生きていないのでしょうか？

答えは、その通りなのです。

自分の死など想像もしていないから、自分がしなければいけないことも、「また、いつかするわ～」。

自分も相手も、まだまだ生き続けると思うから、

「こんなことを言われた。あんな人、いなくなれば良いのにっ！」

と心中で罵倒《ばとう》していることもあるでしょう。でももし、その相手が急死すれば、大きなショックを受けることでしょう。

人は自他の死を忘れている間は、するべきこともしないし、他人の悪口を言ったり、妨害したり、意地悪を平気でしているかも知れません。

小さなことを気にし続けます。

でも、何らかの事情が発生して、生きる残り時間を自覚した時に、人は小さな悩みなど、どうでも良くなります。他人の悪口を言ったり、他人を妨害する気が失《う》せます。

さらに、自分の残り時間が迫ったと思った時は、喧嘩した相手に謝りたいと、急に心から思い始めます。

さらに死への時間が迫ったことを自覚すれば、無性に周囲への感謝の言葉を言いたくなります。

その時に、過去の自分の生き方を振り返ります。

あんなこと、こんなこと、様々な恩讐《おんしゅう》（他人から受けた恩と恨み）を思い出し、謝りたい気持ちと感謝をしたい気持ち、そして心からの後悔を、人は思うものなのです。

いかがでしょうか？

もし、前記のような素直な気持ちになって、まだ生きる時間があれば、残りの時間を全力で十分に、自分ができることをすることでしょう。

これが、「去死十分」なのです。


そのような死を自覚するような目に実際に遭《あ》わなくても、
＊普段から明るく自他の死を忘れずに、今日を一期一会《いちごいちえ》（一生に一度だけの機会）の気持ちで暮らすこと。
＊他人からの悪口や意地悪にも、清々《すがすが》しい気持ちで相手を見ること。
＊小さなことにこだわるよりも、愛情や感謝の気持ちを持ち続けること。
このようなことが参考になれば幸いです。

今この時にも、世界では紛争で人々が無残に撃たれたり、燃やされたりしています。

なぜ、そんなことをさせられているのかも、武器を持つ末端にいる人々にはわかりません。

背広を着て机上《きじょう》で偉ぶる人々の目が覚めますように、思い続けましょう。

すべての善悪は、天に記録されています。

ムダになりません。

7 苦しい中ほど、それがチャンスだった

この世は、
■どうして、こんなことをするのか？
■なぜ、悪いと思える方向に全力で進もうとするのか？
■良いモノがあっても無視をして、後で問題が出そうなことを嬉々としてするのか？
こういう理不尽なことが、いつの時代にも、起こってきたのが人類です。

いつの時代も、思い通りにならない中を生きるのが人生。
もし恵まれていても、何かが、欠けるようにできているのが人生。
そして、健康な頃は、自由な時間もお金もないのが人生。
やっとお金も時間の余裕もできた時には、健康ではないのが人生。

これはもう、上手く行かないようにできているのがこの世の仕組みだと思ったほうが良いのです。

そういう思い通りに行かない中でも、
■それでも、明るく生きようとしたのか？
■自分なりに、他人を助けようとしたのか？
■それでも、社会が良くなって欲しいと思えたのか？
これを試すために、前記のようなすべてに「逆」が起こっていると感じています。

ここからは、私の霊的世界観の話だと思って、話半分で聞いて頂ければ幸いです。

私のあの世での記憶では、実は、前記のように、この世では自分の思い通りに行かないように、初期設定をしていたのは、本当の自分（真我）だったのです。

いつも一緒に生活をしている本当の自分だからこそ、
■希望の逆を設定するのは、細部まで完璧だった。
■日常生活の細かなことでも、自分自身を試すようなことばかり、起こるものだった。
■それが起こるタイミングまで、自分で計画していた。

どうして、自分で自分自身を試すようなことを、この世でするのでしょうか？

この世で生きる期間とは、あの世に比べれば非常に短いのです。この短い期間に、できるだけ苦労して、過去生でした自分の借金の反射を受けて消化（昇華）したいと思って、私たちはこの世に生まれて来ています。

理不尽で苦しい中でも、明るく生きて、他人のためになりたい行動をすることが、あの世で暮らす最高の貯金になるからです。

この世で正しく苦労して、その中でも何とか生きようとしたことが、来生に生まれる環境に反射するからです。


誰もが善徳貯金を貯めるために、この世に生まれて来たチャレンジャーなのです。

苦しく困難なハンディがあっても、それを明るくこなすことで、大いなる昇華が起こり、次への貯金が貯まります。

この世にも、あの世にも、偶然はないのです。

何事にも完璧な原因と理由の紐付けが結ばれている法則の下《もと》で、すべてが存在します。

長く成功して大金を稼ぐ人物を観ましても、成功する理由と原因が、過去生にありま す。過去生で多くの人に、「与える」ことをしています。

今生に、その果報を受け取っているだけです。

だから今が苦しい人も、その中だからこそ、それでも明るく努力したことが、これからの善徳貯金となり、未来の自分の環境を決めていきます。

すべてに一切のムダはないのです。

人工天体である月が、完璧に因果の法則を管理し、自業自得が漏《も》れなく起こるように、未来を映像化してくれます。理不尽な中でも、天が管理して観てくれていると思って、今日も明るく生きて行くことを参考にして下さい。

8 この世を離れる時が一番に難しい

人は、この世から去る時が、去り方が、もっとも難しい。

このように言えないでしょうか。

ここで、高齢者施設の常勤医として、終末期医療に取り組んできた医師のインタビューを思い出しました。

質問者「先生は、どんな形、病気の種類での最期を迎えたいですか？」

医師「それはもう決まっています。ガンほど、理想の死を迎える方法はないです」

というやり取りだったと思います。

その理由は、死ぬまでに、身辺整理や会っておきたい人に会うなどの様々な準備が自分でできるからでした。もしも突然死をするとすれば、何もできません。「後は知らん」とはなかなか思えないものです。

時間をかけて、死への準備ができることだけでも、実は凄く恵まれたことなのだという、新しい視点でした。


死とは、誰もが必ず経験することです。過去のすべての人々も例外なく通った道です。それなのに、私たちは異常に死を怖がり、悲しみます。やはり、死への強い先入観に縛られています。


長生きをされたご老人の自然死とは、本当に崇高なことに感じます。

亀は長生きをしますと、背中に長い藻《も》が生えます。長く生きた人間も、顔や手がシミだらけになります。シワも限りなく深くなります。

でも、その姿こそ、日本国歌「君が代」の「苔《こけ》のむすまで」のように生きた、ということなのです。

これは霊的には美しい姿に視えます。臭くても、汚くても、どんなに衰えましても、そこまで生きられた人は美しいと感じます。

その一方で、若くして死ぬ方もおられます。その方々は「もっと生きたい」と思いながらこの世を離れたことでしょう。

もっと生きたいと思いながら、去ること。これも美しいと感じます。

最善を尽くしながら、刀は折れ、矢も尽きてこの世を去り、あの世に着けば、何とも言えない達成感に包まれることでしょう。一生懸命に「生きよう」としたがダメだった。

これもあの世では、もの凄く高く評価されて勲章《くんしょう》になります。

でも、自殺だけは厳禁です。それはまったく別物の死であり、死を冒涜《ぼうとく》（神聖で崇高なことを汚すこと）する行為だと感じます。


言いたかったことは、この世を去ることとは、普段に考えもしないだけに、本当に難しい命題だということです。

死とは、誰にも平等に与えられた大命題（必ず解決しなければいけない大問題）なのです。

9 大いなる母性へ帰るための旅が続く

人魚の肉を食べますと、不老不死になるという伝説が世界中で見られます。

でも、どの話でも、不老不死になった結果は、それは良くない終わり方になっています。周囲の人たちが消え去る中を、自分だけが生き残ることが、耐え難《がた》い苦しみになるわけです。

誰もが望む長寿でありましても、周囲の人と良い環境があってこその話なのです。

また、今が苦しい人が口にすることは、「早く死にたい」というものです。人の思いとは、複雑なものです。

実は、人の思うこと、望みが何でもすぐに叶う世界でありましても、嬉しいのは最初だけです。何でも叶うことが段々と「つまらなく」「生きがいを逆に失くす」「死にたいほど退屈」「変わりたい」となるのが人の性《さが》です。

霊界がまさにこれなのです。自分の望みが叶う世界が、階層によって在ります。でも、霊界のどの階層にいても、人は不自由なこの世に再び生まれ出ることを望みます。

なぜでしょうか?

心とは、どの階層、心境にいましても、「これではない」「もっと大切なものに」と戻ろうとする本能があるのです。


何に戻ろうとするのでしょうか?

シャケは川をさかのぼり、生まれた場所に戻ろうとする本能があります。はたからは、そんな生死を懸けて戻ることはない、大海で安住すれば良いのにと見えるものです。でも、生死を懸けてでも、シャケは生まれた川へ戻ります。


人の心も同じだと感じます。心が生まれた元に戻ろうとするようです。

何回もの人生の転生(生まれ変わり)を懸けてでも、元の一つなるエネルギー体に私たちは戻りたいのです。途中(人生)で何かを体験し、その中から戻れるカギを、切っかけを、本能で人は求めています。

老子は、その元の一つなるエネルギー体を、

「大いなる母性」

「根源の母」

であると道徳経《どうとくきょう》の中で表現しています。

誰もが、本能で、「心の」母親の元に帰りたいようです。

そうしますと、根源の母に一番に近い次元が、実はこの世だったのです。

この不自由で危険で、すぐに他界してしまう、苦悩が多いコノ次元・世界こそが、母性の母の元で出現する青い地球であり、人間だった。

私たちは誰もが冒険者であり、旅人であり、大いなる母性に戻るチャンスを求めてさまよいに来ています。

どんなにこの世で成功しようが、望みが叶っても。

または苦境に住んでいても。

難病であっても。


そのような条件には一切が関係なく、大いなる母性が「愛情を持って」側《そば》で観て、共に体験しています。

誰もの右胸に住んで、共に体験して観ています。

大いなる母性（良心・内在神）が、納得するような生き方を、どんな環境でも条件の中でも、満足させることがゴールのようです。

10 過去生を知らなくても、今をがんばれば大丈夫

海外のある国の猟師たちが大切にしてきた仕来《しきた》りに、大自然の中で獲物を仕留めた時、その動物が生まれ変わった来生に食べ物に困らないように、口に草をくわえさせるということがあるそうです。

人が生きるために、動物を殺すことへの、せめてもの償《つぐな》い、思いやりを表す行為だと感じます。

自分が仕留めた動物の口に草をくわえさせてあげるという行為は、その人間の来生にも、食物の恵みをもたらすであろう。

このようにも感じます。

つまり人間が、他の存在に対しておこなう「思いやり」の行為は、その人自身への思いやりとなって返って来る。

このような法則を感じます。
ペットを大切に育てている人は、実は、自分自身を育てていた。
部下を丁寧に指導して育てる上司は、きっと来生に良い上司に恵まれることでしょう。
子どもに愛情を注ぐ親は、来生に良い親の元に生まれるかも知れません。

しかし、このようなことを書きますと、親不孝な子どもを持つ親は、前世で何をしたのか？　と心配になるものです。
しかし、因果の法則、輪廻転生《りんねてんしょう》とは、このような一対一のわかりやすい反射だけではないのが答えです。

❖過去生の因果を、「それとは違う内容の苦労で」昇華を体験することもある。
つまり、
■親不孝の子どもを持つ＝前世での親子関係の問題があった、とは限らない。
■前世での別の問題を、今生では親子関係という苦労に置き換えて、代償体験をする。

だから、
■一対一の、同じ内容での、因果の昇華とは限らない。
■違う形の内容での因果の昇華を、「あの世にいた時の自分」が選んだ。
こういう転写も多々起こっているのが実際です。

だから、今生のこの不幸は、過去生のどんな内容からの転写か？

もしヒネリのある変換が発生していれば、想像することも不可能だと思います。想定外、想像以上、思いもよらぬ過去生の出来事からの今生への転写もあることです。

だからこそ、過去生の自分に何事があったのかは知らなくても良いのです。ただ、今の現実を素直に受け取れば良いのです。

もし自分がこういう心境になれたならば、因果の昇華は、早く進みやすいです。軽減されやすいのです。

今の自分が辛い原因などは、どれだけ考えても「答えはない」ことでしょう。

だから逆に、あれこれと考えない。目の前の仕事に専念する。

こういう姿勢も大切であり、因果の昇華に役立ちます。

この法則も、覚えておいて頂ければ幸いです。


今生という体験の機会を与えられていること自体が、すでに大いなる存在に許されている証拠です。

だから、誰もが真面目に今生を生きれば大丈夫です。

すべてのことが、因果の昇華となり、救われていくのです。

ただ、追加の因果を今生では作らないことが大切です。

11 生きてさえいれば大丈夫です

「もう死にたい」、と思う人は多いです。でも、そういう人ほど、「頼むから早くこの世に生まれ出たい！」と強く、自《みずか》ら願った人である証拠なのです。

それは、なぜかって？

早く現状から去って、次のあの世へ行きたいと思うこと自体が証拠です。あの世にいた時も、「もうこんな世界は嫌だ！」と願って、今のこの世に生まれています。

現状からの逃避癖、これをあの世とこの世で繰り返している人の特徴が、「もう死にたい」なのです。

「もう死にたい」という思いで本当に自殺して、あの世に行きますと、因果の法則により、さらに条件が厳しい世界へと生まれ出ることになります。そして、「なんだこれは！」

と驚き、生前の苦痛が増していることに驚きます。

これを解決するには、またこの世に生まれ出て、自分が生前にやり残した善悪の相殺《そうさい》を経験しないことには、悪い意味での輪廻《りんね》（生まれ変わり）は止まらないことを精霊から教えられます。すると、その厳しいあの世の状態から脱出するために、やはり早くこの世に生まれ出たいと自分で願うのです。


この世で「早く死にたい」と思う人は、この世に生まれることを自ら渇望した人だったというのが真相です。

その証拠に、一休さんや良寛さんなどの禅を極めた禅僧の辞世の句には、「早く死にたい」の逆である、「まだ死にとうない」が多いのです。

このように思える人は、この世で生き切ったとも言えるのです。こういう御方は、次に転生するにしても、あの世での期間が永くなることでしょう。早々に転生する必要がないからです。


早くこの世から去りたいと思う人は、あの世に行っても、また早く去りたいと思う人です。

因果の法則は、どこまでも付いて来ます。因果の相殺がつくまで、早めの転生がトコトン、どこまでも継続します。

もし自殺をすれば、次は日本に生まれ出ることはありません。

やり残した返すべき相殺が早急に起こりやすい国へと生まれ出ます。前回の転生よりも、条件がさらに厳しい環境の国に転生します。

すべては完全に公平だからこそ、逃げ得は起こらない仕組みです。

だから、「もう死にたい」と思えた時は、慌てないことです。

逆に言えば、生きてさえいれば大丈夫です。

もうすべてを忘れて、ただ生きることだけを考えれば大丈夫です。

まだ来ない未来を考えるから、死にたいと思うのです。

自分の不要な見栄と、良い格好を演出するから苦しいのです。

何も考えずに今を生きれば良いです。

自殺さえしなければ、そして自分の良心に反せずに生きれば、どんな人生も立派な人生です。

苦しくて惨《みじ》めな人生ほど、あの世では逆になります。大いなる昇華を果たした人生だったことがわかります。

八十年などあっという間です。

ボロボロになっても最後まで生き切れば、大成功です。あの世では、大いなる勲章に変わります。

今日も自分なりに淡々と生きましょう。

12 幸運は、自分だけのことを「勘定」に入れないほうが大きくなる

もし肉体は死んだとしても、私たちの心は不死《ふし》（死なないこと）なのです。いえ、もっと言いますと、死にたくても絶対に死ねないのが、私たちの心なのです。

このようにブログ記事に書きますと、

「絶対に嫌だ～～」「もう終わりにして欲しい！」「もう、シンドイです」

このような否定的なコメントがよく来ます。

心は死なないことを、喜んで安心する人と、もう嫌だと思う人に分かれます。

自分の心が生き続けることを喜べる人は、
■自分に関係した縁者たち、家族を、あの世からまだまだ見られることを喜ぶ。
■ある意味で、やっぱり幸福な人生だと思える人。
これが言えるかも知れません。

その一方で、「もう心でも生きたくもない」と思う人は、
■自分の死後に、見たいと思える人もいない。
■辛く、嫌なことばかりで、自分の希望が何も叶わなかった。
このように思っている御方かも知れません。でも、そう思う人でも、もし自分が大切にしたいと思うモノができますと、死後もそれを見ていたいと変わると思います。

昔の人は、どんなに貧乏でも、不幸でも、天涯孤独でも、自分が住む国が好きで、死んで心だけになっても生まれた国の行く末を見届けたいと思う人が多かったのです。
■七生報国《しちしょうほうこく》。何度生まれ変わっても、国のために尽力したい。
■「我、国の柱となりたい」
■個人のためよりも、大義《たいぎ》（公《おおやけ》のこと）のために生きたい。
どんなに貧乏でボロを着ていましても、死後も心で社会を助けたいと思える人が、昔の人には多かったことを思い出します。

でも、今の社会では、こういうことを言えば笑われますし、危ない人だと思われる風潮と教育があります。戦争の悲しい経験から、そういう懸念も理解をします。

ただ、霊的には、個人の希望など、いくら持ったところで、叶えたところで、それはツマラナクなるのです。死後には、個人の欲望に関することは、「オエー」という嫌悪感に変わる可能性も知っておいて下さい。

それよりも、自分の自我の欲求から離れた、公《おおやけ》に関すること。多くの人々、社会、人類、動物……、何とかして全体を助けたいという思い。

こういう志《こころざし》を、生きている時の雑多な欲望の環境の中でも抱《いだ》けることが、死後の自分が住む環境に反映し、自分の心が永遠に生き続けることを肯定します。

要するに、言いたかったことは、

❖「もう心でも生きたくない」という、寂しいことを思って欲しくない。

❖「心だけでも生きて見ていたい」と、思えるような人生になって欲しい。

❖「まだ死にとうない」と、思える生き方をして欲しい。

このように思えるようになれるには、
❖**自分だけのことを、考えないこと。**
❖**自分の周囲や、社会のことを心配する視点も持つこと。**
❖**自分のことだけを考えずに、全体を大切にする気持ちが、様々な幸運を呼ぶ近道であること。**

反発される御方もいるかも知れませんが、誰かの参考になれれば幸いです。

やっとのことで、誰もが生まれています。

心だけでも生きて、この世を見届けたいと思える人は、死後に守護霊になる人でもあります。

この世を正しく楽しんで生きましょう。

13 未来の自分が観ています

この世に生まれた限りは、誰もが死ぬことは決まっています。すると、いずれは、いつかは、「あの世に自分がいること」がすでに確定します。

これが凄いことであり、ある真実を示していることになるのです。

私はよく、「あの世には時間がない」と言ってきました。これは私の中での真実です。

そうしますと、時間という概念があるこの世に自分が生まれた瞬間、それと同時に百パーセントいつか必ず死ぬ自分という者が、あの世にも同時に誕生していることになります
必ず死ぬという縁起が、これを起こします。

片方の世界だけでの誕生は、陰陽論から観ても、それは有り得ないのです。この世に

生まれたという事実があれば、同時にあの世にも死後の自分が、いつか死ぬ自分が、時間のないあの世にすでに誕生しています。

起点が生まれたならば、いつか、たどり着く終点も必ず「同時に」存在しています。

そうしますと、この世で成長するにつれて、あの世の自分も変化をしています。死後の自分ですから、この世で自分がたどる経過の少し先を知っているのです。

だから、困ったことがあれば、

「あの世の自分は、今の自分に何を言いたいのかな？」

と思ってみることも参考にして下さい。


神社の参拝などで、閃《ひらめ》いたとか、啓示があったと言う人がいますが、それは、神社は鏡だから、あの世の自分の気持ちを受け取っているのが真相です。だから、自分のことが中心の啓示が大半です。こういうケースを多々観ます。

あの世の自分は、今の自分に対して厳しい態度かも知れません。

または、「がんばれ！」と励ますかも知れません。

または、あの世の自分は泣いているかも知れません。

それは、今の自分の生き方を観て、あの世の自分がそう思っているわけです。

「あの時の昔の自分を叩いてやりたい！」

自分の昔の行為を思い出して、顔から火が出て、このように思う人は多いです。そうしますと、あの世の自分も、今の自分を観て、そのように思うこともあるわけです。

「拝啓、あの世の自分さん。今の自分で良いでしょうか？」

このように想像して、もし自分の心が温かくなれば、今はそれで良いです。

もし、「あの世の自分は怒っているだろうな」「嫌だろうな」と思えた場合は、今の自分の生活を改めれば大丈夫です。

あの世の自分は、絶対的な一番の味方であることは、誰にも言えて、今がどんな自分であっても言えることです。

たまには、死後の自分、あの世の自分を想像して、今を思いっ切り生きましょう。

第四章

お盆に思う
あの世とこの世

1 お盆と未来科学

東アジアでは道教を中心として旧暦の七月（現在の八月八日〜九月六日）を、「鬼月《おにづき》」（死者の月）とする習慣があります。

旧暦の七月の朔日《さくじつ》（八月八日）に地獄の蓋《ふた》が開き、旧暦七月十五日の中元節《ちゅうげんせつ》（八月二十二日）には地獄の蓋が閉じるという考え方は、老子の道教の影響から来ています。

霊的には、八月八日〜二十二日の中ほどの八月十二日〜十六日が、一年の中でもっとも霊的な期間であり、縁ある故人が霊界から家に帰ることが許される期間とします。

お盆は先祖のお墓に参る人が多いのが、日本の習慣です。

お盆になれば感じますことは、死んだ後も、思い出して頂けるとは、とても貴重で有り難いことです。はたして自分は、もし死んでも、思い出してもらえる人間なのでしょうか？

これを考えますと、どんな今の自分であっても、自分がおこなう先祖供養を非常に喜んでくれる先祖が必ずおられると、理解して頂けると思います。

自分が死んでも、忘れ去られて放置されたままだろう。

このように自分で思う御方ほど、生きている間は自分なりに先祖供養をして頂けると幸いです。

その自分が先祖に向けて出した情けは、先祖のためだけでは終わらないのです。死後の自分自身を助ける情け、と変わるのです。これが、「自分がしたことは、必ず自分自身に返る」という反射の法則から言えることなのです。

もし先祖供養という言い方に違和感があれば、「遺伝子養生」という言い方に置き換えてみて下さい。自分自身を構成する遺伝子を思えば、無数の先祖たちを必ず経由して今の自分がいることを想像しやすいと思います。

未来の治療は、「自分の遺伝子を養生する」という概念が、科学的になると夢想します。手術や投薬だけでは、命が宿る肉体を治すのは限界が来ます。その元となる遺伝子を、養生する、癒《い》やすという概念が必ず必要になってくることでしょう。

病気には、精神的な問題、心の状態が肉体にも影響を及ぼすために、「遺伝子養生」を科学的に気づけるまで、人類はメスで肉体を切り刻み、薬漬けから解放されることは難しいと感じます。

自分の遺伝子の先におられる先祖たちが、お盆の期間は、自分の側にいると思って下さい。自分が美味しいものを食べて、心身を休めることを、先祖も共に楽しまれることでしょう。

家系によっては、先祖霊が寄りやすいお盆は、喧嘩が起こりやすい時でもあります。家族や親族と「喧嘩はしないぞ」という誓いを胸において、楽しんで頂けますと幸いです。

2 お盆に起こりやすい現象

お盆の最中は、まさに「黄色い世界」へと日本は入っています。

こういうお盆の期間に起こりやすい現象は、
■思わず、不要なことまで自分から喋《しゃべ》ってしまい、後で言ったことを後悔する現象。
■普段はあまり飲めないはずの酒が、なぜかドンドン飲めてしまう現象。
■運転が乱暴になったり、口喧嘩、色情などが増す現象。
こういうことにお盆は特に注意して下さい。

これらは、ある意味の一時的な憑依現象です。お盆が終われば、元に戻ります。そして後悔します。

これを多くの人々を視ていて感じます。

このようなお盆にありがちな現象からいつも感じますことは、
・今の自分の所業は、口から出る言葉は、先祖の誰かが言いたかったこと、したかったことかも知れない。
・誰のどんな人生も、誰かが生きたかった人生なんだ。
これを感じます。

もし、お盆の期間に普段はしないような恥ずかしいことをしたり、言ったとしても、「そういう先祖がいたんだな」と思って、冷静に自分自身のことを静観して欲しいです。
過剰な自責の念を持ったり、いつまでも悔やむことはやめましょう。法律に触れない内容の限りは、そういう自分を冷静に静観することで良いです。

こういうお盆の時期だからこそ、お墓参りや、様々な掃除、家での先祖供養は特別に良く届いています。
そして、生きる間に自分がおこなった供養行為を、死後の自分「も」いつか受け取ることでしょう。自分がしたことは、善も悪も、いつかの自分が受け取ります。

3 草葉《くさば》の陰《かげ》の存在を忘れない

そろそろお盆のトビラが開く気配がする今朝の脳裏に去来した光景は、戦争で亡くなった子どもたちの姿でした。

なぜ、こんなことになるのか?

何もわからないまま、亡くなって逝《い》ったようです。空襲、防空壕の中での餓死、栄養不足から来る結核、親が先に亡くなり独りぼっちで……、様々なケースがあったことでしょう。親と離れたまま不安な中で死んで逝くとは、とても寂しく辛かったことだと思います。

誰の家系にも、いつの時代かの縁者に、このように亡くなって逝った子どもたち、孤児たちがいます。今の自分が存在しているという現実は、その子たちの人生も通過した上で存在しているわけです。

やはり、これを供養せずにおれましょうか？ということです。

過去の知らない人々かも知れませんが、家系の霊線というつながりから霊的には、その子どもたちの人生は、今の自分の人生とも重なって生きていると言えるのです。

すべては今も並行して存在していく(ing)のが宇宙の秘密です。自分が存在する限り、過去の何も終わってはおらず、今も並行して霊的に生きています。

だから、寂しいまま亡くなって逝った子どもたちも、今の自分の中で生きています。

その証拠が、そういう子どもたちがとても可哀想だ、と今の自分が思えることなのです。

これを、今の自分が安心した生活をすることにより、先祖全体への供養をすることにより、過去の子どもたちも救い、癒《い》やすことが可能になります。

訳もわからず亡くなって逝った子どもたちを、今の時代に再現してはいけません。

終戦記念日と重なるお盆になりますと、戦争に関する番組が増えるものです。でも、近年は戦争をテーマにした番組が急に減ったような気がします。「真相は逆である」が、陰陽で成り立つこの世の法則では言えますから、戦争をテーマにした番組が減ったということは、水面下では注意が逆に増していると感じます。

これを無難に変えるためには、悲惨な戦争のことも、草葉《くさば》の陰《かげ》の戦没者のことも、無惨に亡くなった子どもたちのことも、決して忘れないことが大切に感じます。忘れないことが、未来の動向に影響するからです。

草葉の陰とは、「草の葉の下、草陰、墓の下、あの世」という意味です。これは生きている人にも言える言葉です。
■草葉の陰にいるような、目立たない少数の思いも大切にすること。
■弱者たちの思いを、思いやること。
このように思える人は、その人自身も救われていくと感じます。

さらに考えて観れば、神様や精霊という存在も、草葉の陰の存在と言えます。本当にいるのかどうかわからない、見えない存在です。

でも、正体が見えない中でも、草葉の陰に、神様はきっとおられるだろうと思って大切にする心。このように思える人には、本当に神様も精霊も実在し、干渉します。

草葉の陰の思いを大切にできることが、その人の運命の分岐点になると感じます。自分自身も、大勢の中での草葉の陰の一人なのです。

草葉の陰の他人のことも思いやれる人は、自分自身のことも大切にできる人です。

4 この世で貧乏でも、愛情通貨が莫大な人はいるものです

「お盆だなあ」と感じていますと、仏典からの創作物語である「賽《さい》の河原《かわら》」の話を思い出しました。

人（仏典では亡くなった子ども）が、死んでから最初に行く場所と言われるのが、「冥途《めいど》の三途《さんず》の川の河原」です。

そこで人は先祖の供養のために小石を積み上げて塔を作ろうとしますが、何度、石を積み上げても絶えず鬼が来て崩されます。そこに菩薩《ぼさつ》が現れて、その故人を救うという民話です。

この話と、実際の霊界の姿から感じますことは、
＊亡くなった故人が、三途の川を渡るためには、この世での善徳貯金の有無が大切だということ。

＊この世で悪徳が多くて、善徳貯金がない故人は、死んでも三途の川を渡る費用もないということ。この世での地縛霊・浮遊霊の状態であり、その間は、死んだ時の苦痛が継続します。
＊この苦痛を抜けるためには、三途の川を渡って、向こう岸（あの世）に行かなければならない。三途の川を渡り切れば、この世での苦痛は消え去ります。

そのために、三途の川の川岸において、先祖を供養するという善行をおこなうことで、川を渡るための費用を稼がねばなりません。先祖のための石塔を積み上げるごとに、善徳貯金に「チャリン」と入ります。でも、一回や二回では、まだまだダメです。

善徳貯金が足りない間は、鬼が来て、何度でも石塔を倒します。三途の川を渡れるほどの善徳貯金が貯まりますと、菩薩が来て「よくできました」と言って、三途の川を渡らせてくれる仕組みです。

以上のような夢想を思います。

自分が、せっかく努力した石塔を崩す鬼とは、この世での、嫌いな他人かも知れません。何度でもイジワルをされるわけです。

でも、これもムダではないのです。その苦痛を「相手を恨まずに」立派に耐えた人には、善徳貯金が増していることでしょう。


これは逆に言えば、自分の善徳貯金を増やすために、
■嫌いな他人が必要だった。
■自分に負担をかける家族も、実は善徳貯金を増やすために存在してくれていた。
こういう見方も言えるわけです。


あれ？

まだ、死んでもいないのに。あの世があるのかどうかもわからないのに、効果があるのかないのか目に見えないのに、お盆の期間に墓参する日本人が多いです。

何という善徳でしょうか！

霊など見えない状態でも、確証のないことなのに、それでも先祖に感謝をする供養心

には、莫大《ばくだい》な善徳貯金が「ドサッ！」と入っています。

そういう気持ちに、その心に、菩薩は動きます。自分にとってお得かどうかが、ハッキリしない状態にこそ、その人の本心の行動が出ます。試されています。

さらには、お盆でなくても、先祖に見返りを期待しない愛情の一方通行からの供養が普段から継続する人は、実は、その人こそが菩薩です。

死後に、自分の真の姿に気づかれることでしょう。

この世では貧乏であっても、善徳貯金が莫大な愛情深き人を、たまに見かけます。そういう人は、思わず拝みたくなるものです。

善徳貯金は、三途の川で使えるだけでなく、あの世にも持って行ける通貨です。来生にも使えます。

他人を見る時は、銀行の預金量の有無で判断をせずに、その人の善徳貯金を見るつもりでいることで、その相手の真の姿が見えてくることでしょう。

それは、その相手が普段に、どんな行動をしている人なのかにも、表れているものなのです。

皆さんの参考の「視点」になれば幸いです。

5 故人の話をする時の注意点

お盆の連休は、久しぶりに会う知人たちとの食事も楽しいものです。人が集まりますと、「あの人が他界したそうだ」と話題に出ることがあります。

生きている人間が出した言葉は、それも言霊《ことだま》なので、霊的な作用をします。瞬時に、話題に出された故人へと霊道がつながり、その故人が会話を聞いていることを感じました。亡くなった人の話題が出れば、その故人は瞬時に側《そば》に来て聞いていると思ったほうが良いです。


故人の良い話は、故人にとって嬉しい供養になります。故人の良い話を沢山した後で、故人の住む環境がプレゼントとして改善する夢を見た読者もいます。

ところが問題は、故人への悪口を話題にしますと、話した人に良くないことが起こりやすいことです。あの世の故人のいる環境も、悪口を言われた故人の不徳ということで寒くなります。

故人の話題が出た時は、話す内容に注意することを参考にして下さい。

こういう知識がありませんと、酒の席で故人の悪口を面白おかしく「受け狙《ねら》いで」捏《ねっ》造《ぞう》して話す人もいるものです。そういうことをしますと、霊的にはその故人から恨まれることが起こっています。

つまらないことで、自分の運気を失くすことは、しないほうが良いです。

知人の死を聞いて、いつも感じますことは、誰もが、夢を見たまま死んで行くということです。でも、その夢は、小さい夢なのです。

仕事のことで、ああだこうだ思いながら死んで行く。

親族への心配や、不満を思いながら死んで行く。

死ぬ間際まで、異性のことを思いながら死んで行く……などなど。

冷静に考えれば、そんなことを死に面してまで考えなくても良いのに、自分なりの日常の夢に囚《とら》われたまま亡くなって行く人が多いです。

生きている私たちも、「あんなことを言われた」「あの人が嫌い」「恋人うんぬん」などの自分だけの小さな夢の中に囚われて、暮らしている可能性に注意を思いましょう。


生きるとは、誰もが死に向かっている最中、日々のことです。

自分だけの小さい夢に捕まったままでは、もったいないのです。


自分のことを考えに入れない大きな夢を見たいものです。

多くの人の善になることを夢に見ながら、死んで行きたいものです。

どうせ夢を見るならば、大きな夢を見ながら生きて、死んで行くほうが良いということです。

ロシアの神秘家グルジェフも、
＊すべての生きている人間は、自分だけの夢を見て眠っている最中だ。夢から目覚める人がいない。

＊覚醒とは、自分の夢から覚めることである。
このような指摘をしています。

全体のための大きな夢を見続けることで、思い続けることで、人間は個人の小さな夢から目覚めると感じます。

その時に、その人は天啓を受けるのです。

本当の自分がしたいことがわかることでしょう。

6 「思いやり」を出す人は、報《むく》われていきます

お盆の風習に関するニュースを見ていますと、ある地方の農村では、お盆の期間は家の軒先《のきさき》や庭の木に、自動車のオモチャをヒモで吊るしていました。

ご先祖様が家に自動車で楽に来やすいように。

帰りも、ご馳走をたくさん積んで、自動車で楽に帰って欲しい。

このような願いを込めた村の習慣とのことです。

そのオモチャなのですが、中にはレトロなアメリカ車のブリキ製の少し錆《さ》びた年代物のミニカーも使用されており、昭和時代から続く習慣だと思われます。今では高価に売れるようなオモチャもありました。


このようなお盆の飾り物の習慣は昔から見られます。

野菜で作る飾り物の精霊馬《しょうろうま》がそうです。精霊馬とは、お盆に来られるご先祖様を「お

迎え・お送り」するための野菜で作る乗り物です。一般的には、新鮮なキュウリやナスにお箸《はし》をさして脚を作ります。

キュウリの精霊馬は「馬」、ナスの精霊馬は「牛」を意味します。

キュウリの「馬」は、お盆の始まりにご先祖様がいち早く、足の速い馬で無事に家に来て欲しいと願いを込めています。ナスの「牛」は、お盆の終わりに足の遅い牛に沢山のお土産を積んで、名残《なごり》を惜しみながら、ゆっくりと帰って頂きたいという願いが込められています。

つまりは、お盆の風習とは、すべてはご先祖様への「思いやり」なのです。

ご先祖様に「思いやり」を持つ人は、その反射を受けて自分が神仏から「思いやり」を得られます。

でも、どうしても、様々な経験と事情からご先祖様に「思いやり」を持てない人もおられます。しかし、自分が知らない無数の先祖たちが存在することを思って欲しいものです。

「先祖＝自分の遺伝子」という道理を見れば、嫌でも自分と深くつながっていること、切っても切れないつながりの現実に、気づいて欲しいものです。

過去の遺伝子を供養すれば、自分の遺伝子が深い所で反応をしています。

自分の健康や運勢にも影響しています。


お盆には、まさに「黄色い世界」に街が入り、太陽の日食の時と似た独特な次元に街全体がスリップしています。

昔の人がしてきたお盆の習慣には、意味があるということです。霊的に意味のないものならば、続きません。


皆様の参考になれば幸いです。

第五章
「生と死後」の真実

1 良くなれる理由（因果）の種まきが大切

その人間が死ぬ理由（因果）を作らない限り、死ぬことはできない、と感じます。

このように書きますと、

「そんなことはない。確実に死ねる方法はいくらでもある」

と言う人がいるものです。

でも、必ず死ねる方法がいくらあっても、自分が、

「死ぬ理由」

「死ねる原因・因果」

が本当に一切なければ、
＊いくら準備していても、邪魔が入って、そういうタイミングにならない。
＊新たな別の問題が生じて、それどころでなくなるのが実際。
＊そのうちに気分が変わる。

これが現実の流れとして発生します。

つまり、人は、
＊いくつもの要因とタイミングが、歯車のように合わなければ死ねない。
＊他人が死んだ理由を、一点だけを考えて追えば、それは間違いである。
＊死んだ人は、心の問題も含めて、複合的な原因で亡くなられたと言える。
これを思います。

だから、

❖死ぬような理由を創らない生活を、心がけること。

❖悪口でも、恋愛でも、仕事でも、それが高じて「死」を想像するようになった時は、そこから離れること。

❖そうなる理由・因子・因果を創らない生活を、普段から心がけていること。

❖人間は、臆病でも良い。健康に生きることが何よりも大切。

これを感じます。

以上を逆に言えば、

❖普段から、幸福になれる理由を、創っていくこと。置いていくこと。

❖健康になれる理由を、日々に置いていく生活をすること。

❖幸福になれる理由を置かずに、幸福になりたいと思っているだけではダメなこと。


とにかく自分の希望へ向けて、そうなる理由・因子を日々に創っていくことが大切に感じます。

死ぬ理由がない人は、爆弾が降る中にいても、なぜか死ねないのです。

これが観音経にも書かれており、老子も同じことを書いています。

この世には、理由と原因がないモノは、一切生じません。この法則を理解して、良くなれる理由（因果）の種まきが大切なのです。

2 自信（自神）をなくさなければ大丈夫です

他人を意のままに動かしたい人は、相手の自信をなくさせることを無意識にしています。そのほうが、相手が言うことを聞きやすくなることを知っているからです。

だから、自分の意見を通したい時に、「〜だからダメなんだ」とか、「そのままでは、絶対に上手く行かないよ」とか、相手の自信を折るようなことを言う人には注意します。

他人の自信を折りたいようなことを言う人物も、
■実は、自分に本当の自信がないから、他人の自信を壊すことに務める。
■自分が相手よりも有利になりたいという、余裕のなさ。
これが見られます。

親子関係でも、こういうことがないように注意するべきことです。

以上は、霊的な悪魔的な存在がおこなう「手段」でもあります。悪魔の場合は、その人間の自信をなくさせることさえできれば、後は自由にコントロールができます。

もし、人の自信をなくさせることができない場合は、その次に、穢《けが》れた人間だという「罪の意識」を増幅《ぞうふく》させることをします。自分は穢れた人間だからダメなんだと、卑下《ひげ》するように誘導します。


西洋の悪魔は、若い少女たちの罪の意識を増幅させることによって、その生涯を独身で捧げさせて、真の家庭の幸福から遠ざけさせることもします。

自信をなくした人間こそは、ロボット人間となり、他人と悪魔に自由自在に操られる人生となります。


誰もの魂は、神様の分霊であり、穢れることは絶対にありません。ただ、自分のおこないの善悪が、因果となって残ります。でも、魂はみな清いままです。

死んでも魂は清いからこそ、もし自分の良心に恥じることがあれば、罪の意識が起こり、あの世で地獄が発生するのです。もし、魂まで穢れるならば、そこに罪の意識も反省も、生まれないのです。

でも悪魔は、この法則を悪用して、生きている時に、罪の意識と「何をしても自分はダメ」という気持ちだけを増幅して、その人生をコントロールします。

言いたかったことは、

❖**この世で何があろうとも、自分がどんな状態であっても、誰もの魂は、清いままです。悪人でも、その清い魂が奥に隠れているだけです。**

❖**「〜がないからダメ」だという悪魔のささやきに負けずに、自信（自神）を維持して欲しいのです。**

❖**自信（自神）、信じるべきものは、自分の心の良心に住む自神です。**

現代の見えない世界では、ヒトラーに大量殺人をおこなわせた魔神が、また復活をしています。

誰もの生きる自信をなくさせるように、人類に競争（狂騒）をさせています。

この大難を冷静に観察して、自分の生活を守っていれば大丈夫です。

3 孤独死などの、今の世の現実を知っておくことも大事

ドキュメンタリー番組で「遺品整理士《いひんせいりし》」という御方の仕事を撮影したものを見ました。

近年では孤独死《こどくし》をされる人が年齢によらず増加中です。病院や自宅で家族に見守られながら死を迎えることができる人は、本当に幸福な人かも知れません。

医師から聞いた話では、最近は親族や子どもに危篤の連絡を病院側が何度もしましても、「死んだら教えて下さい」の一言の子どももいるとか。

そして御遺体の引き取りは業者任せです。一度も病院に来なかったと。

国会議員がわざわざ「親孝行の奨励は個人の自由を害する憲法違反ではないのか?・」と真剣に与党に詰問《きつもん》する姿を、最近の国会中継で見ました。他の先進国では決して見ない光景です。すべては今の教育が為《な》せる姿です。

その一方で、子どもへの酷いDV・暴行をおこなっている親が増えているようです。そんな目に遭《あ》った子どもが大人になれば、やはり親に対して複雑な思いを持つかも知れません。

とにかくこれから、戦後教育の反射が社会に出て来ます。

戦後の日本の繁栄を創造した年代の方々とは、今ならば「それは憲法違反だ」と非難されるような厳しい教育や躾《しつけ》を受けた人々だという事実があります。

今の「自由な教育」「ゆとりある優しい教育」が、老いた親の死も放置する子どもや、子どもにDVをする親を増やすならば、本当に皮肉なことです。

ここにも老子が言う「すべては逆になる」が炸裂していると思えてなりません。

私が遺品整理士の番組を見て、心に残った内容は、
（1）その業者の社長さんは、若い頃に都会でサラ金業の社員をしておられました。その時に厳しい取り立てや、人が追い込まれていく様子を何度も見たようです。そして、自分に子どもができた時に、これではいけない、他人に喜ばれることをし

たいと心から思われたそうです。それで転職をされました。

数々の修羅場を見た男性が、今では優しい顔になられて、神社に毎月参拝することを欠かさないそうです。

（2）社長さんは、「故人の思い出を何か親族に渡したい」という思いから、頼まれてはいなくても、故人が生き生きとしていた頃の写真が見つかれば、数枚ですが薄いアルバムにして、仕事終了後の報告の時に手渡すことを習慣にされていました。
でも、渡された家族の反応は、非常に微妙な感じでした……。「もう見ることはないが」という言葉を聞いた時の社長さんの顔は何とも言えない表情で、ただ無言でうなずくばかりでした。

その場面に、この世の儚《はかな》さを見る思いがしました。


家族がいても自分の孤独死を想定して、誰もが生活をしたほうが良さそうです。

だからこそ、人は謙虚に、普段から先祖に感謝をする習慣が大切だと私は思うのです。

死後の「自分の霊体の後始末」「自分自身への供養」を、生きている間に自分自身ですることが可能なのです。

それが、感謝だけを置いていく先祖供養なのです。正しい先祖供養は、先祖も救いながら、実は死後の自分も救っていくことを知っておいて下さい。

これは私の転生記憶と、魂の流れを観てきた経験から提示していることです。信じる必要はありません。

でも、自分が正しく先祖供養をしていけば、何かが腑《ふ》に落ちて自分自身でわかることでしょう。

4　「死して屍《しかばね》　拾う者なし」

ふと昔のテレビ時代劇のナレーションで、「死して屍《しかばね》　拾う者なし」と繰り返す場面を思い出しました。
■もし自分が死んでも、誰も遺体を処理してくれない、放置されるだろうこと。
■使命の途中で殺されても、所属する組織は、知らぬ存ぜぬを貫《つらぬ》くオキテ。
これは潜入捜査をする者の心得のようなものなのですが、現代社会の独居老人を見ていますと、まさに、「死して屍　拾う者なし」なのです。

自宅で一人で亡くなっているのが発見されるまで放置状態で、親族がいても「知らぬ存ぜぬ」を貫くパターンが増えていくことでしょう。子どもがいる人でも安心はできません。

誰もが、この世に目的を持って生まれ、そして「死して屍　拾う者なし」なのが現実だと思います。

どこで、どんな死に方に自分はなるのか？

これを、たまには思い出すことも、今をより良く生きるための視点になるかも知れません。


人間は、自分がいつか死ぬことを忘れていますと、
■他人にイジワルもするし、喧嘩もするかも知れません。
■家族との絶縁も、してしまうかも知れません。
■文句と不満タラタラで生活を続けるかも知れません。
でも、「死して屍　拾う者なし」という独《ひと》りの自分を想像しますと、
■ムダな喧嘩はやめておこう。
■家族とも、他人とも、できるだけ仲良くしていたい。
■残された人生を、感謝して楽しく暮らしたい。
このように、自分の死を「明るく」「前向きに」想起することで、死後の様々なこと（葬

儀や埋葬、金銭、住まい・荷物の処分、ペットの行き先など）を事前に準備ができるものです。

その人の臨終の場面とは、人生の縮図だと感じます。

今生の自分の生き方が、凝縮《ぎょうしゅく》されて、その場面を導くものです。

独り身で人生を終わりましても、多くの先祖たちを供養した人は、先祖たちによる大いなる歓喜のお迎えのセレモニーを受けるものです。

「自分がしたことが、自分自身に返る」

これが淡々と、供養においても自分自身に反映します。

今の自分の生活が、今生の終わりの場面と、来生に生まれる環境と条件を「設定中(ing)」だとは、誰も思ってもいないことでしょう。

でも、これが真実なのです。

自業自得とは、完全に公平な法則なのです。

このような法則を知ることで、今の生活を軌道修正する自由が、私たちに与えられています。

「死して屍　拾う者なし」

このような社会の現実を知って、今を、思いっ切り生きましょう。

臨終の時に、最後に残る思いとは、いったい何でしょうか？

この時に、自分が人生で出した愛情や思いやりの場面を走馬灯のようになぜか思い出して、それが死に行く自分自身を助けてくれます。自分の善行の良い思い出が、嫌な思い出が押し寄せる臨終の中の自分を、助けてくれるのです。

今の生活の中に、自分の誠意や愛情、思いやりの場面を創っていきたいものです。

会社でも、家庭でも、買い物中でも、そういう場面がいくらでも自分を待っています。

明るく生きましょう。

5 何でも全体を意識する常識が大切

霊的な世界観において、知っておくべき「落とし穴」について、書いておきます。

お花畑のような霊的世界の良い話よりも、落とし穴を知っておくほうが、この世では役に立ちます。

よく聞かれる質問に、

「私の守護霊は誰ですか?」「私の守護神は、どの神様ですか?」

が、あります。これを知りたがる人は多いし、それに答える占いや霊能の有料先生も多いものです。

ここで、今からまったく別の話をします。

例えば、会社のある課が大きな仕事を成しとげ、利益を挙げたとします。

■課長は、いつも定時で帰宅していた。でも、誰かが毎晩遅くまで残業したその御蔭で得られた功績だった。
■でも、課長だけが表彰されて、特別ボーナスを貰った。
■これでこの先、部下たちは、課長に協力する気になれるでしょうか？
■気持ち良く働く気持ちになれるのでしょうか？

もしも、課「全体」への表彰をして、課の全員に特別ボーナスを支給していたならば、その後も会社のために全員が気持ち良く働いたのではないでしょうか？　そうすれば、さらに会社に利益が出ていたことでしょう。

でも、社長に褒められて感謝をされたのが課長だけでは、今後は社員の士気が落ちることでしょう。


これは家庭でもあることです。

兄弟の全員で親を助けていても、親が感謝をするのは、長男だけだったら、他の兄弟は、続けて協力をしてくれるのでしょうか？　段々と、家庭が分裂していくものです。

正しくは、親は、子どもの「全員」に、公平に感謝をしておいたほうが、今後のために良かったのです。

さて、最初の命題に戻ります。

「私の守護霊は誰ですか？」「私の守護神は、どの神様ですか？」

これに対して、有料先生は、特定の「一つの存在」を指した返答を、商売としてするものです。

このように「一つだけ」を聞かされた人は、その守護神・守護霊ばかりを意識して感謝をするものです。御神名ならば、そこばかりを参拝したり、神棚に御札を祭ったりするものです。


お気づきでしょうか？

こういう人は、段々と運気が落ちて行くものです。

そういう一つに限定して絞った感謝や供養では、その「一つ」の守護霊以外の、自分のために働いてくれていた他の先祖や守護霊には届きません。

さらに言いますと、守護霊も、守護神も、その人の生活行為の善悪の中身により、日々に変わって行くのが、霊的な真実です。

霊的な世界とは、「指定」をすれば、他の霊には届かない、触《さわ》ることもできないというオキテ（掟）の法則が貫徹しています。これが、生きている人が思う以上に、あの世では非常に厳格に働きます。

だから、地鎮祭でも、供養行為でも、正しくおこなうならば、その行為の「型」が刻まれ、作用します。

霊的な世界は、礼儀に始まり、礼儀に終わります。

つまり、「一つ」に限定した守護霊や守護神への思いは、他の守護霊や神様に、礼儀を欠くことになりがちです。要注意です。

だから、伊勢白山道式の先祖供養では、
＊先祖供養は、名字一つだけの依《よ》り代《しろ》（「〇〇家先祖代々の霊位」と記《しる》した短冊《たんざく》や位牌《いはい》）

でおこないます。
＊個別指定を、あえて避けています。
＊先祖全体への感謝を、最重視します。
＊苦肉の策として、過去帳への個人名の明記は、供養者が知っている故人（先祖）への哀悼の想いから認めています。

先祖「全体」への供養を意識することで、忘れ去られた、漏《も》れている縁ある霊たちをも、供養で癒《い》やします。これで、家系全体の浄化と昇華が進みます。

神祭りも、一社だけではなくて、「三社祭り」を重視します。


以上の話は、特定の方法の先祖供養や、神祭りを推奨している意味ではありません。あくまでも、個人の嗜好《しこう》の自由です。何もしなくても、別に問題はないです。

言いたかったのは、

「何でも一つに絞ることは、不公平感を呼んで、良いことがない」

ということです。

6 人生の別の視点

総合病院の救命救急センターに、十年以上も勤務された医師と会話した時に、聞いた話です。
＊「もう絶対に助からないだろう」と思われた人が、奇跡的に何とか命をつないで退院されていく不思議。
＊「これは大丈夫。死ぬはずはない」と最初は思えた患者さんに、なぜか間の悪いことが連続して起こり、亡くなってしまうこと。

このような人間の生死を、何度か体験するうちに医師が感じたことは、
＊人間の死とは、怪我や病気とは「違う要素」で、最終的に死ぬのではないだろうか？
＊どんなに深刻な状態でも、それは医学的に死に近いという統計であり、最後に死を決めるのは、別の要素が決定させるのではないだろうか？

その医師は、無神論者であり、人間の運命論も信じていないそうです。
＊しかし、その人間が死ぬ時だけは、決まっている気がする。
＊生まれた日・時刻が誰でもハッキリと確定していることは、ゆるがない事実。これと同様に、死ぬ時も、セットで決まっていると感じる。
＊懸命に救命治療をしている最中に、その患者さんが、決まっている時間の死に向かっているように感じることがあった。
＊だから、「決まった時間がありき」であって、その時間まではどんなに重体でも人は死なない。決まった時間が来れば、どんな大丈夫な状態でも、その人は必ず死ぬ。
＊これは、健康な人にも、言えるかも知れない。

こういった内容を話してくれました。非常に面白い視点だと思いました。

その医師は、先祖供養だけは大事に思うそうです（奥さんにお任せだそうですが）。

その理由は、遺伝子を研究すれば、腑に落ちない奇蹟を超えた側面を感じて、先祖供養だけは正解、したほうが良い、と思えるそうです。でも、無神論者なのです（笑）。

ちなみに、その医師は麻雀がとにかく強いそうです。つまり、高い知能と、独特な直感を併《あわ》せ持つ人だと思います。

そういう御方が示唆《しさ》した、

「その人間が死ぬ時だけは、決まっている気がする」

とは何か？　これを考えて観ます。

「生と死後」の両方の世界から考えて観ますと、
＊生まれる日時は、あの世からの流れであり、私たちはあの世で決めて来ている。
＊死ぬ日時は、この世の生き方次第で、誰でも日々変化している。
と私は感じます。

亡くなった人を視ますと、
＊その人の死ぬまでの三年間の生き方・思い方が、死ぬ日に反映している。
これを感じることが多い統計を思います。

❖とにかく私たちは日々、善徳と悪徳（怒り・妬《ねた》み・悪口・悪行）の「相殺《そうさい》」の上で残った霊的磁気が、自分の死ぬ日を決めている最中である。

その意味では、「先祖供養＝遺伝子供養である」と私は真面目に感じています。正しい先祖供養も、自分の死ぬ日を延ばしていると感じます。

怒りよりも、感謝の思いを。

悪口よりも、励ます言葉を。

生活苦を嘆くよりも、それでも生活ができることに感謝をしたいものです。

きっと、自分の死ぬ日に良い影響をすることでしょう。

7 この世は「仮の世界」だから何があっても大丈夫です

この世の様々な人々の喜怒哀楽の声を観ながら、また、あの世の様々な世界を垣間観《かいま》ながら、亡くなられた魂の行く末と状況を視ていますと、つくづくと思うことがありま す。それは、
＊この世は、「仮の世界」であること。
＊誰もが、自分自身を試しに来たことを忘れている。
＊この世の成功が、実は失敗である可能性に気づけない世界が今である。
老子が示唆を繰り返した、「すべては逆である」は、やはりどこまでも宇宙に貫徹しています。真理です。
＊自分はイジメられた　→そのイジメをした相手は、未来の自身をイジメたことになる。

＊イジメの被害を受けた自分は　→その分は、返すべき因果の借金が減り、得をした。
＊この世で他人に助けられた　→自分は幸運だったと思うだけで忘れる人が多い。でも真相は、返すべき「借り」を創ったことになるので、自分も後で誰かを助けることをしないと、「借り」に金利が付いて、より大きなことで返さなければならなくなる。
＊宝クジや賭け事で大金を得た　→大きな霊的な借金をした可能性に注意。これに気づけずに善行をしていないと、自分や家族の寿命を削っていることになるかも知れない。
＊一生懸命に働いて、節約しながら真面目な生活をしているが、貯金が増えない→善徳貯金が増えている最中です。老後と、死後に受け取ります。どんな形で受け取るかは、個人で様々です。
そして大切なことは、この世で何があったとしても、すべては「仮の世界」であるこ

とです。仮の世界だから、自分は何をしても負け通しでも良いのです。自分の心を痛めてはいけません。

何かに負けても、嫌なことがあっても、心中では笑っていて欲しく思います。自分の良心（良い心）に従う行動を守る人が、真の勝利者です。

人の中には、悪い心と、良い心が存在します。必ず陰陽のセットで天により誰にも配置されています。仮の世界で、自分がこのどちらを選択していくかが、天により試されています。

あの世にいた自分が、この仮の世界の「お試し」に挑戦したいと手を挙げたことを、私たちは忘れています。

何があっても、仮の世界のことですから、心を傷つけるような心配は不要です。大切なことは、仮の世界の中で、一生懸命「役」に成り切って、自分ができる努力をしてみることです。

これがないと、死んだ後に「また機会をムダにした」と後悔します。

この世の時間経過を待つようなことはせずに、時間を忘れて一生懸命に生きたいものです。

一生懸命に生きていれば、釈尊が笑顔で良く言われた、

「行け行け、進め進め。

そうすれば、恩讐《おんしゅう》（情けや恨みという感情を超えた先に）の彼方《かなた》に行く。

そして、彼岸《ひがん》（向こうの岸、天国）へと行き着くのだ」。

今日も、自分という今生の「役」に成り切って、偽善でも良いから良い行動を意識しましょう。

冷めた役者など不要です、クビです。

この世の限られた貴重な時間の中で、善意を行動にしたことが永遠に残ります。

もし今の自分が健康問題などのために、何も行為ができなくても大丈夫です。

その代わり、「感謝の気持ちを持つこと」。

これが霊的に最大事です。
恩を受ければ感謝の気持ちを持てば、すべての貸し借りの因果は消えて行きます。
自分が感謝の気持ちを持てるか否《いな》か、感謝をするかしないか、天が見ています。

8 今の自分の生活が、来生の環境を細かく決めている

釈尊のエピソードに、僧侶と過去生の因果について、紹介したものがあります。

釈尊が、ある町を訪問しますと、多くの弟子たちを抱える僧侶がいました。その僧侶は、全身が膿《う》んでいくという奇病に罹《かか》っており、弟子たちも師匠を見捨てて去って行きました。

それを知った釈尊は、僧侶を気の毒に思い、僧侶の元を訪ねて世話をしました。釈尊は僧侶の全身の膿《うみ》をこまめに拭き取り、身体を水で洗い、膿が染み付いた衣服を何度も洗って着替えさせて、看病をしました。

その御蔭で僧侶が座ることができて意識がハッキリした時に、釈尊は僧侶の寿命がもうすぐそこに来ていることをわかっており、僧侶に未練なく成仏をしてもらうために、

こういう言葉を引導として話しました。

「さあ、まもなく、その身体は地面に横たわり、大地に帰ります。

でも、その身体は、本当のあなたではない。

あなたのほうから拒絶をした、意識のない、ただの丸太だと思って良いです。

だから、あなたは大丈夫です」

僧侶は、釈尊のこの言葉を聞いて何かを悟り、深く安心をした表情をして静かに横たわり、亡くなりました。

僧侶を埋葬した後に、釈尊の弟子（阿難）が、この僧侶が持った因果について教えて欲しいと願いました。

多くの弟子たちを持つほどの僧侶になれたのに、滅多にない病気になり、しかも弟子たちが見捨てて去るという目に遭《あ》い、看病もしてもらえなかったという事実があります。

最後に釈尊に出会い、看病して頂ける幸運と、引導まで受ける奇跡には僧侶の善徳があったと思うが、途中の落差があまりにも大きくて因果を知りたいというわけでした。
釈尊が言うには、
＊僧侶は、過去生で鷹匠《たかじょう》（鷹を使って動物たちを狩る職業）をしていた。僧侶に多くの弟子たちが付いた理由は、過去生で多くの鷹を育てて食わせた御蔭である。
＊鷹と鷹匠との関係が、今生では弟子たちと僧侶という関係性で出た。
＊でも弟子たちが僧侶を見捨てたことも、鷹の荒い本能の転写を受けた気性の弟子たちが集まったからだ。恩師を見捨てたことは、彼らの今生での因果になり、来生に転写する。
＊僧侶が今生に得た病気は、狩った動物たちの血液の流れであり、その痛みの転写であり、食べられた後に放置された動物の死体の腐りが、今生で膿として出た。
＊だから、もし過去生で動物たちの死体を埋葬していれば、今生の僧侶の病気の内容も変わったのだ。
＊つまり、人の人生とは、一切の起こる現象にムダはなく、理由があるのだ。

＊僧侶は、今生で、過去生の悪い因果を自身に受けて、無事に昇華を果たしたから成仏ができた。今生の病気も、僧侶が天国に行くための、大切な現象であり、成仏して幸福になるために必要な因果だったのだ。

以上のように釈尊が、見える形で自分の弟子たちに因果の実在を説明したというエピソードでした。

しかし、私が言いたいのは、過去生と今生の転写の関係ばかりを気にして欲しくないということです。


❖今も、私たちは自分の死後と、来生に生まれる自分の環境と、その富裕さを決めている最中です。

❖今の自分の生活が、来生に投資をしている最中なのです。

❖今生に投資でヤキモキするリスクよりも、来生に生まれる自分の環境を決めてしまう、今生の自分の善行の有無を心配したほうが良いです。

今生が貧乏でも大丈夫です。先祖に感謝と供養をする行為が、どれほどの高配当の善行であるかを知らない人が大半です。

今生で自分のことしか考えない、先祖に感謝もない人は、今生が金持ちでも来生の自分の環境と金運に注意したほうが良いです。どんなにあがいても貧乏になる因果に注意です。


善行と金運を結ぶのは、はしたないと怒る人はいますが、霊的な真実の法則だから仕方がないのです。

今の環境や貧乏を気にせずに、来生に向けて明るく善行の貯金をすることをお勧めします。自分が死んだ時から、この善行の貯金はすぐに使えます。

お迎えが、まず変わります。黒塗りの高級車が来るかも知れません（笑）。


人類は、地球での転生は今生で終了しますが、魂たちは違う天体か、違う次元で、魂の旅を継続します。

個々の魂の因果の転生は続きます。

9 「あなたは、私である」

仏典に、「自他一如《じたいちにょ》」という言葉があります。

わかりやすく言いますと、

「あなたは、私である。私は、あなたでもある」

という意味です。


でも、「あんな人と自分は絶対に根本的に違う」という思いが根底にある人が多いです。

性別も違うし、アレも違う、コレも違うというように、人は、自分と他人との共通点には目が向かずに無視をして、自分とは違う点ばかりを瞬時に見て取り、その違いから相手を無意識に評価している人が多いものです。


そこを仏教では、すべての「生命」は単独で存在するものでなくて、単独で存在は不可能であり、必ず「何らかの縁というものにより」互いに何かの過去生からの関わり合いを持っているために、相手と出会うとします。
つまり、どんなに相手と違う点が多かったとしても、同じ縁の共有者となります。

縁があるために、
■そういう相手を見ることになる。
■同じ何かに所属したりする（会社、学校、住まい、家族や親族など）。
■そして、理由なく嫌いな相手ほど、深い縁があった。
ということなのです。

なので、良好な関係の相手とは、今生は新規の初めての縁の相手かも知れません。まだ縁は薄いです。
ところが、とにかく初めて見た時からムカつく、嫌だなと思った相手とは、過去生で深い縁があったと思うことを参考にして下さい。

❖そういう相手には、何を言われても、気にせずに流すことで、縁が消えて行きます（ここが大事です）。

❖相手に対抗して、さらに今生でも縁を深めないことが大切です。馬耳東風《ばじとうふう》（何を言われても気に留めずに聞き流すこと）を参考にして下さい。

以上の説明をしましたが、最初に書いた仏典の「自他一如」の意味である「あなたは、私である」。これが、前記のような個人の間の縁を超えた上の、「自分と他人との共通点」として存在するのは間違いないのです。

死後に、自分の魂が高い次元に上がるほどに、
＊自分という者が消えて行く。
＊自分と他人は、たった一つの大生命（神様）の共有者だった。
＊すべての生き物が、動物も含めて、自分自身だった。
＊良いことも悪いことも、自分が他の生命にしたことは、すべて自分自身に対してしていたのだ。

これを心から感じて、誰もが今生を深く反省することになります。

この時に、今生で他人に対してした攻撃や悪事も、痛いほどあの世で何度も見せられます。

また、この世の権利を駆使して悪用し、自分は楽をしながら、真面目に働く人々をイジメたことにも、自分から地獄へ行くほどの罪悪感を死後に抱《いだ》くことになります。

その時に生前の自分が、他人に良いことをした場面もすべて脳裏によみがえり、死後の自分を励ましてくれます。

すべてが完全に「自分の本心も含めて」記録されていたことに、魂は言い訳をやめます。

自分の内在神は、すべてを完全に公平に観て記録しています。


たまには、「自他一如」、これを思い出して頂ければ、今生の生き方が変わって行くと思います。

以上のことを釈尊は、「天上天下唯我独尊《てんじょうてんげゆいがどくそん》」と言いました。人類は全体で一人であるという意味です。

皆様の参考になれば幸いです。

10 あの世も、行けばわかるよ

「道」
此《こ》の道を行けば　どうなるのかと　危ぶむなかれ
危ぶめば　道はなし
ふみ出せば　その一足が　道となる　その一足が　道である
わからなくても　歩いて行け　行けば　わかるよ
（清沢哲夫《きよざわてつお》『無常断章』法蔵館　一九六六年）

「比の道を行けば　どうなるのかと　危ぶむなかれ」

これは、私たちがあの世へ行く心配にも言えそうです。

あの人もこの人も、歴史上の人々も、誰もが行く道が、あの世への道です。嫌でも、このまま行けば、あの世へ行けば、わかります。

でも、前もって、色々なことを知っておきたいのが人のサガ（性）のようです。
私たちは、今日もあの世へ向かって歩いているのですが、
■あれに腹が立つ。
■この人は、嫌い。
■どうしてもこれが欲しい。
■もう死にたい。
■もっと、生きたい。
■これは嬉しい！
などと喜怒哀楽を繰り返しています。
どのような感情も、思いっ切り大きくても良い！
でも、自分と他人の心を絶対に傷つけないことが、大切なルールだと感じます。

❖大切なことは、この世のどんなことも、嬉しく楽しいことも、嫌なことも苦しみも、

命さえも、期間限定であること。
❖だからこそ、どんなことも、苦しみさえも、愛おしく静観できれば最高です。

この世では、嬉しい物事と、苦しくて辛い、悲しい物事があります。
でも、あの世へ行けば、どちらの体験に魂は感謝するのでしょうか？
皆さんは、どの思い出を、懐かしく思うと想像しますか？

嬉しかった体験や、感謝するべき物事も、もちろん懐かしく思い出すことでしょう。
しかし意外なのは、苦しかった体験、悲しく苦悩した体験、惨めな体験。
このような、すべての嫌な体験も、神様と共に体験していた。先祖と共にいた。
苦渋の体験も、あの世では、価値も、評価も高い、黄金のような体験だったのです。

「これが、行けばわかるよ」だということを、私は思い出します。

この世でも、人が遊園地を好み行きたがる期間は、短いものです。でも、険しい登山を好む人は、生涯にわたり山へ行くものです。

すべては反転する世界。

陰と陽を繰り返しながら、流れて行く宇宙。


今が苦しい人も大丈夫です。

その期間こそが、あの世では最高の期間に変化するのです。栄華の期間は、あの世では逆に「反省するべき期間」かも知れません。だから人は、謙虚に、素直に、悪い物事には執着をしないことが大切です。

そして目には見えませんが、私たちを生まれさせ、あの世で迎えてくれる、大いなる存在が実在することを想像しておいたほうが良いです。

❖この世のすべての出来事は、あの世で意味を持つ。

これを胸に抱《いだ》きながら、どんな喜怒哀楽も明るく、堂々と過ごしていきましょう。

この世もあの世も大丈夫になっていきます。
生かして頂いて　ありがとう御座います

伊勢白山道式　先祖供養の方法

1 最初に線香三本に火を点け、上下に軽く振って炎を消します。線香を手に持ったまま、うち一本を片方の手に持ち替えて、苗字は言わずに父方・母方も含めた男性の先祖霊全体を意識して「ご先祖のみなみな様方、どうぞお召し上がりください」と声に出してから線香器の左奥に立てます。立てたら「生かして頂いて　ありがとう御座位ます」と発声します。
2 二本目を片方の手に持ち替えて、父方・母方を含めた女性の先祖霊全体を意識して「ご先祖のみなみな様方、どうぞお召し上がりください」と声に出してから線香器の右奥に立て「生かして頂いて　ありがとう御座位ます」と繰り返します。
3 三本目の線香を片方の手に持ち替えて「その他ご縁のある霊の方々、どうぞお召し上がりください」と声に出し「自分に縁あるすべての霊的存在」（家系の水子、実家や親類の霊、知人の霊、生霊、動物の霊、土地の霊、その他の自分で認識していない霊的存在など）へ届くように思いながら、手前中央に立てます。
※一、二本目は先祖全体に、個別に特定の故人に向ける時は三本目で。
4 手を合わせて「生かして頂いて　ありがとう御座位ます」と繰り返します。
5 続けて、すべての霊が根源なる母性に還るイメージで「アマテラスオホミカミ」を二回ずつ、自分が安心するまで繰り返します。これに違和感のある方は唱えなくてもよいです。大事なのは「生かして頂いて　ありがとう御座位ます」の言霊です。

※火の点け方は最初に２本、あとから１本でもよいです。
※煙が自分のほうに流れてきても問題はありませんが、気になる場合は、供養を始める時に１度だけ「依り代にお寄りください」と念じてください。

先祖供養の図解

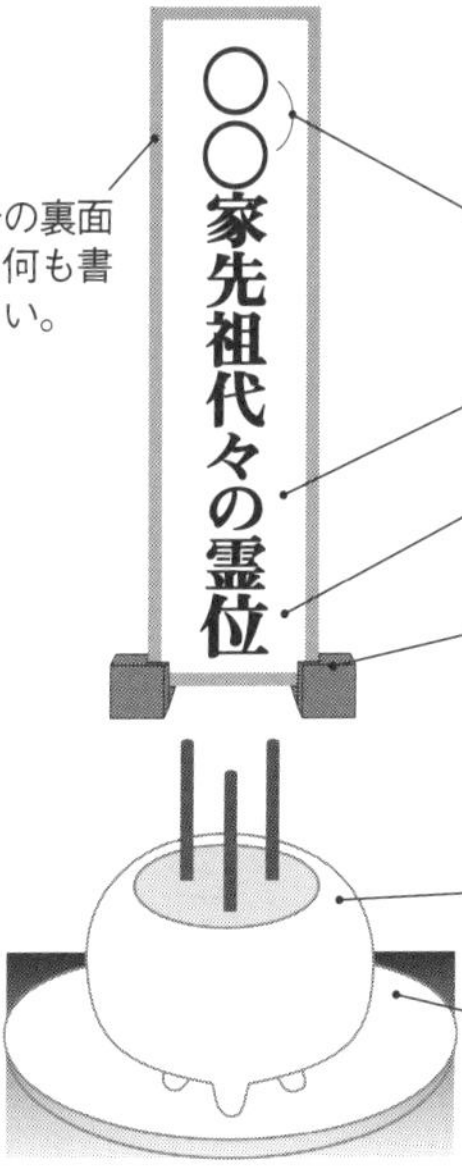

字は自分で書きましょう。
黒マジック・筆ペンでも可。
金色のマジックも可。

短冊の裏面
には何も書
かない。

○○は現在名乗っている姓。
（255ページからを参照）
「の、之、ノ、乃」など、どの文字でもよい。

「位」の字は大きく書く。
短冊立てで隠れないように注意。

短冊は必ず短冊立てにはさみ、
直立するように固定します。
安定して真っ直ぐに立つ姿が
供養者に反映します。

線香立て（香炉）は、茶碗などで代用も可。
無地で白っぽいほうがよいです。

安全のために、下にお皿をしきます。
埋もれ残った線香はこまめに捨てましょう。

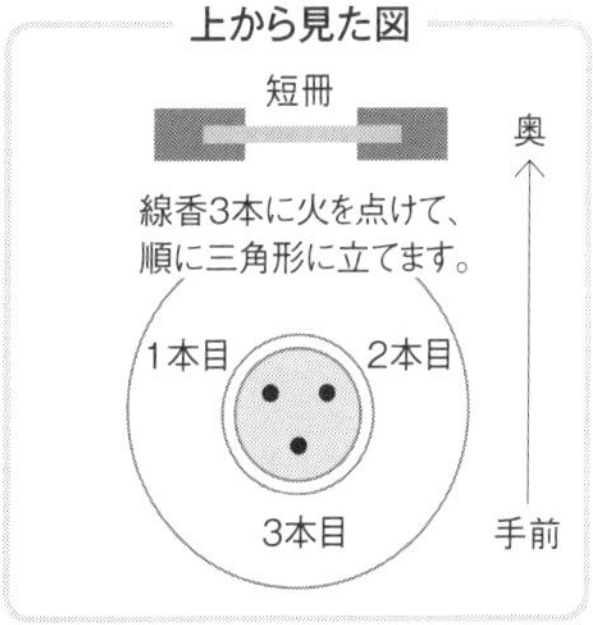

- 先祖供養には、先祖霊が寄るための依り代（位牌や短冊）が必須です。
依り代なしの供養は厳禁です。
- 自宅に「○○家（自分の現在の苗字）先祖代々の霊位」と記された位牌があれば、それを使ってよいです。
ない場合は、短冊を用意して図のように自作しましょう。
- 先祖供養は自己判断と自己責任でおこなうことです。

◆火災に注意！ 線香が消えた後に時間差で、線香残が灰の中で再燃焼することがあり、危険です。燃えやすいもので包んだり、燃えやすい場所に保管しないこと。

ブログ　伊勢ー白山道 http://biog.goo.ne.jp/isehakusandou/より引用

先祖供養を始める前に

❖家族の理解を得られない環境では無理に供養をしてはいけません。家族の反対があれば、感謝想起のみにしましょう。

❖日常で「生かして頂いて　ありがとう御座位ます」と先祖や家系の水子、内在神への感謝想起をすることもとても大切です。

❖先祖供養と自分や家族の健康や仕事・勉強・人間関係等の幸・不幸を結び付けて考えてはいけません。先祖供養は、迷い困っている霊を助けたいと思う慈悲の気持ちから「先祖のために」おこなうことです。自分のためではありません。

❖供養で大事なことは「継続」です。供養の継続は供養が届いていることの証明です。

❖先祖供養は先祖への感謝と思いやりから自発的におこなうことです。無理は不要です。先祖供養はご自分の判断と責任の上でおこないましょう。

供養の道具

❖短冊は、文房具店で販売されている長さ三十㎝位で白色無地の厚手の物がよいです。金色の縁取りがあれば、なおよいです。短冊は短く切ったりしないでそのまま使用してください。

❖色紙《しきし》を短冊のように細長く切って代用するのはダメです。

❖海外在住で短冊が手に入らない場合は、硬さのある厚紙を何重にもノリで貼り重ねて自作してもよいです。依り代には厚みが大切です。中に空洞のある段ボール紙は、供養の短冊には適していません。

❖破損したり書き損じたりした短冊は、白い紙に包んでゴミとして捨てればよいです。短冊には、供養の際に霊が一時的に寄るに過ぎないからです。

❖短冊立ては必須です。短冊の両端をしっかりとはさんで真っ直ぐに立てられる、木製の物を使用してください。木片二つに切り込みを入れて自作してもよいです。壁に短冊を斜めに立てかけたり、貼り付けるのは厳禁です。

❖線香は、長さが十㎝以上あり、煙が多いものがよいです。香りが良いものも霊に喜ばれます。

❖線香を折ることは厳禁です。自然に折れて短くなった線香は、三本目に使用してもよいです。

❖線香器（香炉）はどんぶり・茶碗などで代用できます（無地で白い厚手のものが理想）。灰を受けるために、必ず下に大きめの皿をしいてください。

❖市販の線香灰の使用が最善です。可燃性のコーヒーかすや穀類は危険です。また、砂や小石、金属・ガラス・塩・重曹は先祖供養には不向きです。

依り代に記入する苗字

【基本】

❖戸籍に関係なく、現在名乗っている姓のみを使用（故人の個人名は依り代には不要）。夫婦別姓の場合は、夫の姓での供養が好ましいです。

❖離婚した場合も、現在使用している姓が基本です。離婚後も元の夫姓を名乗っていても、実家からの援助が多い場合は、供養のみ実家の姓で。子どもがいる場合は子どもの名乗る姓でもよいです。

❖漢字を旧字・新字の両方使用している場合は、好きなほうでよい。

❖外国名の場合、主たる供養者が得意な言語で記入してください。日本語使用なら外国名をカタカナで記載してもよいです。記載言語や寄り代の形、「霊位」の表現は、供養者が馴染みやすいスタイルで。例えば、「Smith 家先祖代々の霊位」のように日本語と外国語が混ざるのも可。

【帰化による創姓や通名】

❖外国籍から日本への帰化により「新たな日本姓」を作ったり通名使用で、外国姓と日本姓がある場合、
A：創姓した日本姓や通名にまだ故人がいないうちは、供養は旧外国姓でおこない、創姓の日本姓や通名に死者が出たら、供養も日本姓に切り替える。
B：または、創姓や通名の日本姓にすでに故人がいても、旧外国姓の依り代と日本姓の依り代を、二つ並べて供養するのも可。その場合、旧外国姓の霊位を左側、創姓日本姓の霊位を右側に並べる。
※AかBかは、供養者がしっくり感じるほうを選べばよいですし、途中で変更してもよいです。
❖創姓日本姓と旧外国姓の二つの依り代を並列する供養は、外国籍から日本への帰化で「創姓」した人や、通名使用者のみ可。
❖帰化でも、婚姻や養子縁組で日本人の籍に入って改姓した人が、旧外国姓と現在の姓の両方を並べて供養するのは厳禁。この場合は、入籍した姓一つで、基本の供養をすること。

供養の場所

❖伝統仏教の仏壇がある場合は「○○家先祖代々の霊位」の依り代（位牌や短冊）を仏壇の中（一番手前の置ける最下方）か、前に台を置いてその上で供養します。仏壇以外の所に台を置いて供養してもよいです。
❖仏壇や位牌が新興宗教仕様の場合は、必ずその仏壇から離れた場所で、別に短冊を用意して供養し

ます。

❖神棚がある場所で供養をおこなう場合は、神棚よりも低い場所に置いてください。神棚の下方に依り代を置いて供養するのが理想です。

❖供養は高さ三十〜五十㎝のぐらつきの無い木製の安定した台でおこなうことが理想です。仏壇内に依り代を置く場合は、高さを気にしなくてよいです。

❖脚が折れる台やキャスター付きの台は不安定感があり、供養には向きません。

❖窓際（窓を背に依り代を置く）や鏡に依り代が映り込む場所は避けたほうがよいです。

❖方角は気にしなくてよいですが、理想は依り代を北〜東方向を背に置いて、人が北〜東に向かい拝みます。

❖供養をおこなう場所は綺麗に片づけ、掃除をしましょう。

❖他に場所がない場合には台所で供養してもよいですが、事前の清掃が大事です。できれば供養中に換気扇はまわさないほうがよいです。線香が消えてから換気をしましょう。

❖ベランダや屋外での供養は、無縁霊が寄るので厳禁です。

❖一つの家の中で、家族が複数の場所で同時に供養をしてもよいです。

❖短期間の出張や旅行時にまで、道具を持参して供養をする必要はありません。

火災予防

❖ロウソクの使用は厳禁です。線香にはライターで火を点けます。

❖線香を捧げたらその場を離れてかまいませんが、線香が消えるまでは外出はしないで、必ず消火の確認をしましょう。

供養の時間

❖午前中に供養するのが理想ですが、他の時間帯でも（夜でも可）よいです。ただし、霊的に不安定な時間帯である、日没の前後一時間と深夜〇時から午前四時の間は避けてください。

お供え

❖線香の煙は、霊の欲しい物に変化して届きますので、法要や命日・お盆・お彼岸などを除き、食べ物のお供えはしなくてもよいです。

❖食べ物は長く置くと無縁霊が寄りやすくなります。後で食べる場合は、供えて直ぐか十五分位で下げて早めに食べましょう。

❖お茶やお水などの液体類をお供えした場合は、飲まずに捨てましょう。

湯気供養（線香を使用できない場合）

❖霊的な効力は線香の三割ほどですが、湯気の出る熱いお茶を入れた茶碗を三つ用意して、三角形に置いて供養します。湯気供養にも依り代（短冊や位牌）は必須です。捧げたお茶は捨てます。

供養時の注意

❖神棚がある場合は、先に神棚の水交換と参拝をしてから、先祖供養をしましょう。

❖供養の際には、感謝の気持ちだけを捧げましょう。願い事をしたり、悩みを訴えたりしますと、先祖霊は不安になり、供養にならなくなります。

❖怒ったりイライラした状態の時は、供養をやめましょう。

❖供養を受けている霊を邪魔することになるので、供養中は短冊や位牌・線香・煙に触れないほうがよいです。線香を途中で消すことは厳禁です。

❖故人が現世への執着を持たないようにするために、写真は置かないほうがよいです。亡くなってすぐはよいですが、一年経てばしまって、命日などにだけ出しましょう。

❖大切なのは供養を先祖・縁ある霊的存在「全体」に捧げることです。供養が必要な他の方に届きにくくなってしまいますので、供養中に特定の故人の名前は呼びかけないほうがよいです。どうしても気になる故人がいる場合は、三本目の線香を捧げる時に心の中で故人の名前を思い、感謝をすればよいです。

❖供養に使用する短冊や位牌は常設が理想です。しまう場合は線香が燃え尽きてから一時間はそのままにしてください。火災予防の観点からは、線香器はしまわないほうがよいです。

❖供養は一日に一回、多くても二回までです。過剰な供養は不要です。

あとがき

絶対的な真理であります、

「生まれて来た者は必ず死ぬ」。

ここに、すでに答えが在《あ》ると感じます。


私たちの人生が、非常に短いことにも「答え」を感じます。人によれば、数年も生きずにこの世を去ります。平均寿命まで生きられたとしても、あっという間です。

このような人生の短さに、大切な意味を感じます。どうしても、どんな形でも、この世に生まれる必要があったということです。

そして、すぐに去ることも起こるこの世の人生とは、儚《はかな》い「仮の世」であると私は感じます。

死後は誰もに、永い永い期間があの世に在ると感じます。だから今の生きる私たちとは、まるで永い準備の上でやっとこの世に現れた線香花火のようです。

一瞬でも良いから花火を輝かせるために、私たちは今のここに現れています。


ここで考えるべきなのは、一瞬の線香花火が、何を後生大事に「自分だけのために」悩んで悪戦苦闘するのか？　ということです。それは滑稽《こっけい》なことだということを、誰もが忘れてしまっていると感じます。

一瞬で消えて行く自分ならば、もっと良いことをしたかった、他人に喜ばれることをすれば良かった。このように毎回の転生で、どの魂も死後にあの世に帰れば思うことを私は思い出します。

線香花火が、自分が燃えている貴重な時間を、ムダに何かを心配し、じっとしていたままならば、やはり死後の後悔は大きいのです。

何でも良いから、もっと熱中したかった、もっと輝いて見せたかった。このように誰もが思う時が来ることを私は確信します。

この本の大切なことは、

「生きている元気なうちに、死を考える」

「まだ死ぬとは思ってもいない時に、死について考える」

ということです。

この視点が、死後に後悔しない人生へと、今からの自分を変えて行くと感じます。

皆様の参考になれば幸いです。

二〇二三年　晩秋の日本で来年の世界を思いながら

伊勢白山道

著者紹介……………………………………………………………………………………

伊勢白山道（いせ　はくさんどう）

2007年５月「伊勢白山道」ブログを開設、2008年３月から本の出版を始め、その斬新な内容と霊的知識、実践性において日本だけでなく世界に衝撃を与え続けている。多忙な仕事のかたわら、毎日かかさず悩める人々にインターネットを介して無償で対応している。自分が生かされていることへの感謝を始めた読者の人生に起きる良い変化が、強い支持につながり、数多くある精神世界サイトの中で、ブログランキング圧倒的第１位を、長年にわたり継続中である。

著書に、伊勢白山道名義で『内在神への道』（ナチュラルスピリット刊）、『あなたにも「幸せの神様」がついている』『生かしていただいて　ありがとうございます』（主婦と生活社刊）、『内在神と共に』『森羅万象　第１巻～第10巻』（経済界刊）、『伊勢白山道問答集　第１巻～第３巻』（全３巻）『宇宙万象　第１巻～第４巻』『自分を大切に育てましょう』『今、仕事で苦しい人へ　仕事の絶望感から、立ち直る方法』『柔訳　釈尊の教え　原始仏典「スッタニパータ」　第１巻・第２巻』『伊勢白山道写真集　神々の聖地　白山篇』『伊勢白山道写真集　太陽と神々の聖域　伊勢篇』『与えれば、与えられる』『自分の心を守りましょう』（電波社刊）。
『「生と死後」の真実　Life & Death』『宇宙万象　第５巻・第６巻・第７巻』『いま悩む人への「禅語」』『柔訳　釈尊の教え　第３巻』『伊勢白山道事典　第１巻』（弊社刊）。

谷川太一名義で『柔訳　老子の言葉』『柔訳　老子の言葉写真集　上下巻』（経済界刊）、『柔訳　釈尊の言葉　原始仏典「ダンマパダ」第１巻～第３巻』（全３巻）（電波社刊）がある。

著者のブログ：https://blog.goo.ne.jp/isehakusandou

「生と死後」の真実　Life & Death 2
2023年12月25日　初版第１刷発行

著者　伊勢白山道
編集兼発行人　渡部 周
発行所　株式会社 観世音
〒145-0065
東京都大田区東雪谷3-2-2-1F
TEL/FAX　03-6421-9010

印刷・製本　株式会社 光邦

ISBN978-4-910475-11-0

【大好評　4刷増刷】

「生と死後」の真実 Life＆Death

死後にわかります。この本が真実を伝えていたことを。

定価　本体 1700 円＋税
四六判並製　240 ページ　口絵付き

ISBN978-4-910475-00-4

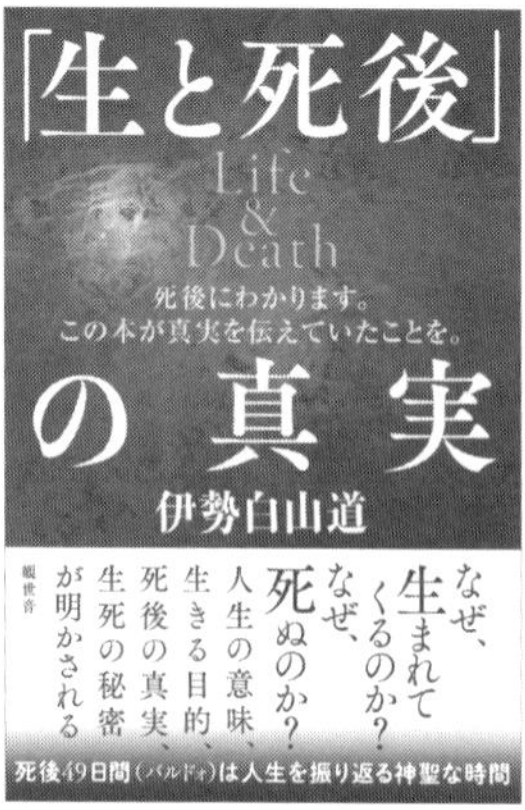

【「悩みについての対処法」「悩みから解放される生き方」】

いま悩む人への「禅語」
～あなたに必要なすべてがあります～

定価　本体 1800 円 + 税
四六判並製　278 ページ
ISBN978-4-910475-04-2

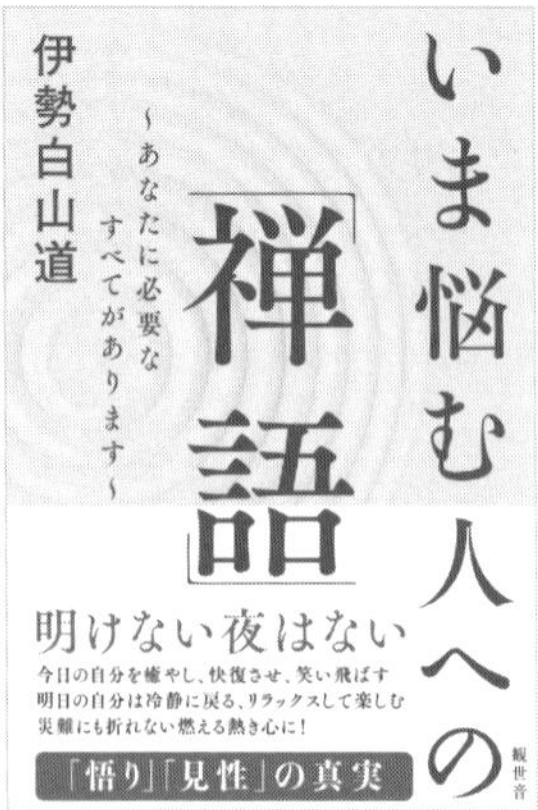

【完全改訂版！新全3巻シリーズ第1弾！】

伊勢白山道事典　第1巻
自分で出来る感謝の先祖供養　編

定価　本体 2250 円 + 税
四六判並製　512 ページ

ISBN978-4-910475-07-03

霊的な時代の到来
新時代のバイブル誕生！

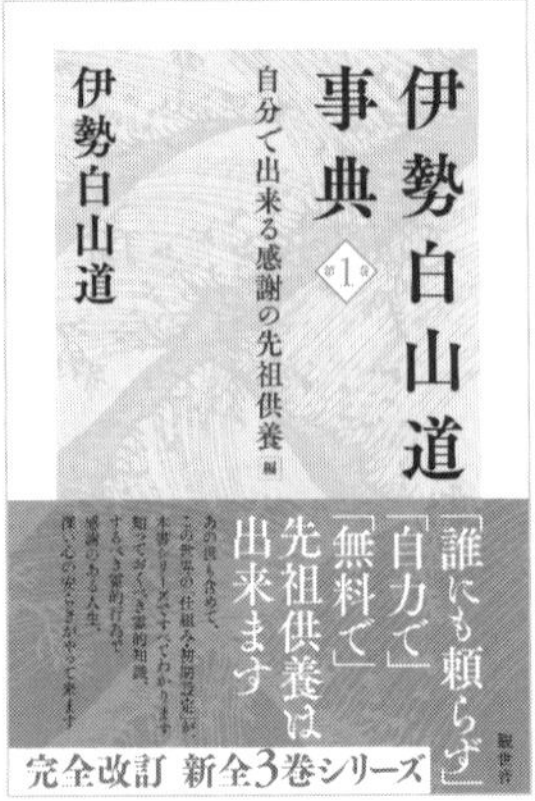